U0836379

学前儿童健康教育活动指导

主　审　高　崴

主　编　梁　艳　梁晓晓

副主编　程　娇　石建群　万　婷

　　　　王子晗　张　也

苏州大学出版社
Soochow University Press

图书在版编目（CIP）数据

学前儿童健康教育活动指导 / 梁艳，梁晓晓主编
. — 苏州 ：苏州大学出版社，2023. 12（2024. 8 重印）
ISBN 978-7-5672-4647-8

Ⅰ. ①学… Ⅱ. ①梁… ②梁… Ⅲ. ①学前儿童-健康教育 Ⅳ. ①G613. 3

中国国家版本馆 CIP 数据核字（2024）第 005389 号

书　　名	学前儿童健康教育活动指导
主　　编	梁　艳　梁晓晓
责任编辑	刘一霖
出版发行	苏州大学出版社 （苏州市十梓街 1 号　215006）
印　　刷	苏州市深广印刷有限公司
开　　本	889 mm×1 194 mm　1/16
印　　张	10. 25
字　　数	277 千
版　　次	2023 年 12 月第 1 版
印　　次	2024 年 8 月第 2 次印刷
书　　号	ISBN 978-7-5672-4647-8
定　　价	39. 00 元

图书若有印装错误，本社负责调换
苏州大学出版社营销部　电话：0512-67481020
苏州大学出版社网址　http://www. sudapress. com
苏州大学出版社邮箱　sdcbs@ suda. edu. cn

前言

学前儿童健康教育活动是幼儿园教育活动的重要组成部分。它和其他领域的教育活动共同构成了幼儿园教育活动，从不同角度促进幼儿情感、态度、能力、知识和技能等方面的发展。

本教材以习近平新时代中国特色社会主义思想和党的二十大精神为指导，以《幼儿园教育指导纲要（试行）》《幼儿园教师专业标准（试行）》《3—6岁儿童学习与发展指南》和幼儿身心发展特点、学前教育专业学生学习的实际需求为依据，系统介绍了学前儿童健康教育的概念、目标、内容、方法、活动设计与评价等内容。本教材在编写的过程中，密切结合学前教育的实际，从学生学习的需求出发，既注重理论知识的阐述，又注重实用性和可操作性。同时，本教材紧密结合教育要求，将教育对象拓展至0~6岁幼儿，部分章节简要介绍0~3岁婴幼儿健康方面的知识，帮助学生紧跟时代步伐，满足社会对人才的要求。

本教材的内容加入了模拟授课视频，为广大学生提供了较好的学习范例，有助于学生学习、考证、比赛、就业。模拟授课者均为江苏省师范生教学基本功大赛和江苏省职业院校技能大赛高职组获奖选手。

本教材第一章、第二章由梁艳、张也编写，第三章、第四章由梁晓晓编写，第五章由石建群编写，第六章由万婷编写，第七章由王子晗编写，第八章、第九章由程娇编写。梁艳对全部书稿进行了校订，并负责全书的统稿工作。本书在编写和出版过程中得到了宿迁市机关幼教集团康庭茗苑幼儿园、苏州大学出版社的大力支持，编者在此表示感谢。

本教材在编写过程中参考并借鉴了许多国内专家、学者的观点和资料，编者在此一并表示感谢。由于编者的水平和能力有限，加之时间紧迫，书中可能仍有疏漏之处，请广大读者批评、指正，以便我们及时修订、完善。

目录

第一章

学前儿童健康教育概述

【学习目标】

1. 了解健康及健康教育的概念。
2. 理解学前儿童健康教育的概念及影响因素。
3. 树立对本课程学习的信心，关注学前儿童健康成长。

第一节 健康教育

一、健康概念的演变

健康是一个发展着的概念，不同历史时期人们对健康概念的理解也不同。

1948 年，世界卫生组织（WHO）提出了著名的健康概念，即健康不仅仅是没有疾病或虚弱，而是身体、心理和社会适应的完好状态。这一定义促进了健康向三维方向发展，而非仅仅是身体没有疾病。

随着社会的不断发展，人们对健康内涵的认识也在不断地丰富和发展。

1989 年，世界卫生组织进一步定义了四维健康新概念，在健康的定义中增加了道德健康。1990 年，世界卫生组织对健康的阐述是在身体健康、心理健康、社会适应良好和道德健康四个方面皆健全。这是对健康较为全面、科学、完整、系统的定义，说明健康不仅涉及人的体能方面，也涉及人的精神方面，并将道德修养作为精神健康的内涵。这种健康观念强调了健康积极的、全面的意义，引导人们不仅从生物学的角度，还从心理学和社会学等的角度思考和解决健康问题。本书中健康的概念指人们在生理、心理、社会适应和道德四个方面处于健全状态。生理健康，指人在形态、结构、机能、体能和环境适应上处于良好状态。心理健康，指人在情绪、意志、平衡人际和社会关系等方面处于良好状态。社会适应良好，指人自身适应社会环境的变化与发展过程处于良好状态，包括在群体关系、社会环境、应变能力、处理角色和工作能力等方面处于良好状态。道德健康，指人的信仰、品德、情操、人格等处于积极向上、高尚和完善的状态。

资料

世界卫生组织对健康提出了十条具体标准：

（1）精力充沛，能从容不迫地应付日常生活和工作的压力而不感到过分紧张。

（2）处事乐观，态度积极，乐于承担责任，事无巨细不挑剔。

（3）善于休息，睡眠良好。

（4）思维敏捷，应变能力强，能适应外界环境的各种变化。

（5）有较强的抵抗力，能够抵抗一般性感冒和传染病。

（6）体重得当，身材匀称，站立时头、肩、臀位置协调。

（7）眼睛明亮，反应敏锐，眼睑不发炎。

（8）牙齿清洁，无空洞，无痛感，齿龈颜色正常，无出血现象。

（9）头发有光泽，无头屑。

（10）肌肉丰满，皮肤富有弹性，走路轻松有力。

二、健康的特征

1. 客观性

个体是否健康，可以运用一定的客观标准来衡量。例如，身体健康可以通过身体的生理机能指标、形态指标、生化指标等进行测量；而个体的心理健康、社会适应良好和道德健康，随着研究者们对这一领域的深入探讨，被认为可以从认知发展、情绪反应、人际关系、性格特征等方面加以测试和评定。因此，个体在生理、心理、社会适应和道德几个方面是否健康，是可以通过一定的测量标准来进行客观衡量的。其中，儿童健康可以儿童的生长发育指标、营养状况指标、症状和功能指标、疾病指标、残疾指标、死亡指标、心理指标及行为指标等作为衡量的指标。

2. 主观性

个体是否健康，一方面，可以通过各项客观指标来进行判断；另一方面，个体的主观感觉也是反映其健康状态的重要标志。主观感觉是指个体对自身身心是否健全的感受。巴西著名医学家马丁斯研究发现，品行善良、为人正直、心胸坦荡的人，其心态是平衡的，有助于身心健康。相反，违反社会道德准则的人，其内心是紧张的、恐惧的，心理处于亚健康状态，有损个人健康。

3. 动态性

健康是一种动态的身体、心理、精神和社会适应能力的良好状态。这一定义指出健康具有动态性。健康与疾病二者之间不存在明显的界限，个体表面上不生病也不等于完全健康，因为人体内可能潜伏着缺陷或者其他方面的不健全。健康动态性的揭示具有积极的意义：第一，否认绝对健康；第二，说明没有疾病并不意味着健康，健康与疾病之间存在着中间状态；第三，强调健康需要坚持不懈地创造，健康的生命并非完全由自然给予，健康状况因个体自身活动而不断发生变化。

4. 调适性

健康意味着个体能够有效地适应内外环境的变化，有效地应对各种威胁身体健康的挑战。微生物学家勒内·杜博斯认为：真正的健康不仅指个体在当时能适应良好，同时也指个体具备抵抗未来威胁的能力，如体内已有某些传染病抗体的儿童比无抗体的儿童更健康。因此，健康包括对疾病的有效抵抗和对生活环境的良好适应。

三、健康教育的含义

人们对健康教育的理解是与人们对健康的认识和需要密切联系的，是一个逐步深化的过程。不同的健康教育研究者和健康教育组织从不同角度出发，对健康教育的内涵有着不同的理解。1988 年和 1991 年分别召开的第十三届、十四届世界健康教育大会全面讨论了健康教育的含义和重点，强调：健康教育绝不是一般卫生知识的传播、宣传和动员，它的着眼点是行为问题，要使人们建立与形成有益于健康的生活方式和行为。

虽然不同的人对健康教育的认识不尽相同，但总体而言，健康教育的基本含义主要包括以下几个方面：

第一，健康教育以人的身心健康作为教育的终极目标。

第二，健康教育是一种以教育为中心的活动。如同其他教育一样，健康教育是一种自愿的学习，而不是强制性的。它强调运用各种有效的教育原则和手段，促使人们自觉自愿地学习和掌握有利于健康的知识，是一种主体性教育。

第三，健康教育的关键在于健康知识与个人实际行为的统一。

第四，健康教育重视个人行为的改变。健康教育从根本上而言，是以激发并促进个人健康行为的改变为目的的，因而它关注影响个人行为形成和改变的各种因素。可以说健康教育是行为科学的一种转型。

从我国的经济发展状况、人民生活的卫生条件和方式等角度出发，结合健康教育的宗旨和重点，本书将健康教育的概念定义为：以促进个体健康为出发点，通过有计划、有目的、有组织、有评价地开展各种健康教育活动，传播有关健康的知识，促使人们自觉地采取有利于健康的行为和生活方式，消除或降低危害健康的因素，预防疾病，最终达到增进健康、提高生活质量之目的的教育。

健康教育不仅是卫生部门、教育部门的责任，也是全社会的责任。它的核心就是教育人们树立“人人为健康，健康为人人”的正确观念，增强健康认知和行为能力，形成全民范围的健康意识。

拓展阅读

国家卫生健康委办公厅
关于开展2023年全国“爱眼日”宣传教育周活动的通知[1]

各省、自治区、直辖市及新疆生产建设兵团卫生健康委：

2023年是全面贯彻落实党的二十大精神的开局之年，也是推动实施《“十四五”全国眼健康规划（2021—2025年）》的关键之年。今年6月6日是第28个全国“爱眼日”。为进一步贯彻落实习近平总书记关于眼健康工作重要指示批示精神，充分调动社会各界积极性，提高人民群众爱眼护眼意识，我委定于6月3日—10日开展全国“爱眼日”宣传教育周活动。现就活动有关要求通知如下。

一、活动主题

关注普遍的眼健康。

二、活动重点及口号

着重关注儿童青少年、老年人两个重点人群，聚焦近视等屈光不正、白内障、眼底病、青光眼、角膜盲等重点眼病，大力宣传全年龄段全生命周期眼健康的重要意义。参考宣传口号如下：

（一）共同呵护好孩子的眼睛，让他们拥有一个光明的未来。

（二）重视儿童眼保健，守护孩子明眸“视”界。

（三）全民爱眼，从我做起。

（四）有远见，不近视。

（五）不惧白内障，“睛”彩有保障。

（六）眼底一张照，眼病早知道。

三、活动时间

6月3日—10日。

① 医政司. 国家卫生健康委办公厅关于开展2023年全国“爱眼日”宣传教育周活动的通知[EB/OL].(2023-05-06)[2023-08-10].http://www.nhc.gov.cn/yzygj/s7653/202305/ef15740e8f5f418b926c20abb181c94a.shtml.

四、活动内容

（一）开展系列宣传活动。要丰富宣传教育形式载体，全方位发布全国“爱眼日”系列宣传信息，营造爱眼护眼的良好社会氛围。要创新开展主题鲜明、形式多样、内容丰富的宣传教育活动，提高全社会对眼健康的认知和关注，确保宣传效果和活动成效。要用好宣传海报等材料，国家卫生健康委将于全国“爱眼日”前上传至国家卫生健康委网站，供各地使用。

（二）组织眼科义诊活动。要组织辖区内有条件的医疗机构适时开展线下义诊活动，派出眼科专家及技术团队走进基层、贴近群众，开展儿童眼病筛查、视力检查和健康指导等儿童眼保健服务，进行眼科常见病的咨询、筛查、问诊和健康教育。各医疗机构可结合自身互联网医疗资质情况开展线上义诊活动，根据当地的眼科疾病特点进行适宜眼病的咨询，引导科学就医。

（三）举办眼健康大讲堂。要组织医疗机构结合当地眼科疾病特点及医院专科特色，通过线上和线下的方式开展健康教育，面向社会公众普及眼健康常识，培养正确就医理念。注重提高儿童、老年人等重点人群科学用眼意识。积极向儿童家长宣传儿童眼保健科学知识。健康大讲堂的时间安排要适当，讲授内容和形式要通俗易懂。

五、工作要求

（一）提高认识，精心组织。要充分认识全国“爱眼日”活动重要意义，将其作为深入贯彻落实习近平总书记重要指示批示精神的重要抓手，以高度负责的态度广泛、深入、扎实开展各项工作。可结合本省份工作重点对活动形式、内容进行调整、充实和完善，形成可操作、见实效的“爱眼日”活动方案并做好组织落实。

（二）加大宣传，统筹推动。要以组织开展全国“爱眼日”活动为契机，统筹协调各方力量，形成政府积极主导、社会广泛参与、人人尽责尽力的良好局面。各地防盲技术指导组、各医疗机构要针对重点人群和重点眼病，围绕活动重点及口号，广泛开展眼健康科普宣教，倡导眼病的早防、早筛、早诊、早治。

（三）提前策划，及时总结。要认真研究制定活动方案，确保活动顺利开展，取得预期效果。要及时总结提炼活动亮点和重点，形成内容全面、特色鲜明的总结材料。请各省级卫生健康行政部门分别于5月17日前和6月20日前将本省活动方案和活动总结材料（文字、图片和视频等）反馈至我委医政司。

第二节 学前儿童健康教育

一、学前儿童健康教育的含义

生命的健康存在是保证人的发展的物质基础。陈鹤琴先生认为，“健全的身体是一个人做人、做事、做学问的基础”，“幼稚园第一要注意的是儿童的健康”。《幼儿园教育指导纲要（试行）》（以下简称《纲要》）明确要求：“幼儿园必须把保护幼儿的生命和促进幼儿的健康放在工作的首位。”《3—6岁儿童学习与发展指南》（以下简称《指南》）中也指出：“幼儿阶段是儿童身体发育和机能发展极为迅速的时期，也是形成安全感和乐观态度的重要阶段。发育良好的身体、愉快的情绪、强健的体质、协调的动作、良好的生活习惯和基本生活能力是幼儿身心健康的重要标志，也是其它领域学习与发展的基础。”

儿童从出生到长大成人，在整个生长发育过程中所表现出来的普遍现象，称为生长发育的规律。在整个生长发育过程中，由于受自然条件、家庭生活、营养条件、疾病和遗传、体育运动等因素影响，儿童在发育上存在个体差异。学前儿童身体机能不成熟，身体各器官、系统发育及功能尚未完善，组织比较柔嫩，对外界环境的适应能力和对疾病的抵抗能力都比较弱，缺乏安全意识、生活经验，自我照顾、身体运动能力较差。因此，学前儿童不仅需要成人在生活上精心照顾与帮助，也需要成人利用有利因素助其健康成长。

学前儿童健康教育是学前阶段以卫生教育、习惯养成教育、体育教育等内容为基础构建起来的一门系统的课程。目前，对学前儿童健康教育概念的理解，在一定程度上公认的是：“幼儿园健康教育是根据幼儿身心发展的特点，提高幼儿健康认知、改善幼儿健康态度、培养幼儿健康行为、维护和促进幼儿健康的教育活动。”

由上述定义可以看出，学前儿童健康教育主要包括健康知识、健康态度、健康的行为习惯三个方面。三者是相互联系、相互作用的。学前儿童健康知识的获得是学前儿童健康教育的基础，学前儿童正确的健康态度是形成健康的行为习惯的动力，而养成健康的行为习惯是学前儿童健康教育的重要目标。在对学前儿童进行健康教育的过程中，教师要处理好三者之间的关系，把它们有机结合起来，使它们相互渗透、相互促进，最终达到促进学前儿童身心健康的目的。

二、学前儿童健康的标志

学前儿童健康是指学前儿童各器官、各组织的生长发育和心理发展良好，没有身心疾病或缺陷（如近视、沙眼、龋齿、脊柱弯曲等），性格开朗、情绪乐观，对自然和社会环境有较强的适应能力。具体标志如下。

（一）身体健康

1. 生长发育良好，体形正常，身体姿势端正

身高、体重、头围、胸围等各项指标的数值均在该年龄组儿童发展的正常范围内；身材比例符合该年龄组儿童发展的一般规律；身体各器官、系统的生理功能正常（如脉搏、血压、握力、肺活量等在本年龄组儿童发育的正常值内），并处于不断完善的过程；身体无疾病和缺陷（如贫血、佝偻病、龋齿、斜视、弱视、脊柱异常弯曲、扁平足等）；食欲良好，睡眠好，精力较充沛等。

2. 机体对内、外环境有一定的适应能力

具有一定的抵抗疾病的能力，较少得病；对冷热等环境的变化具有一定的适应能力；能适应多种体位的变化，如摆动、旋转、身居高处等。

3. 体能发展良好

大动作和手指精细动作的发展水平处于正常范围；身体的基本动作能适时地产生，如抬头、翻身、坐、爬、站立、走、跑等；各种基本动作能力不断增强；肌肉较有力，身体动作较平稳、准确、灵敏和协调；手眼协调能力发展良好等。

（二）心理健康

学前儿童心理健康是指心理发展达到相应年龄组学前儿童的正常水平，情绪积极，性格开朗，

无心理障碍，对环境有较快的适应能力。我国的儿科医学专家、学前儿童心理和教育专家主要从动作、认知、情绪、意志、行为及人际关系等方面衡量学前儿童的心理健康，认为学前儿童心理健康有以下六个标准。

1. 动作发展正常

动作发展与脑的形态及功能的发育密切相关。学前儿童躯体大动作和手指精细动作的发展水平处于正常范围是学前儿童心理健康的基本条件。

2. 认知发展正常

正常的认知水平是学前儿童生活与学习以及与周围环境取得平衡和协调的基本心理条件。学前儿童期是认知发展极为迅速的时期。各种原因造成的脑损伤或不适宜的环境刺激会影响幼儿的认知发展。

3. 情绪反应适度

情绪是一个人对客观事物的内心体验。情绪健康是心理健康的重要组成部分。积极的情绪状态反映了中枢神经系统功能的协调性，亦表明个体的身心处于良好的平衡状态，可以提高学前儿童活动的效率。心理健康的学前儿童能协调、控制自己的情绪，保持良好积极的身心状态。而情绪长时间异常或处于消极状态往往是心理疾病的先兆。学前儿童的情绪具有很大的冲动性和易变性，但随着年龄的增长，情绪的自我调节能力有所增强，稳定性逐渐提高，学前儿童开始学会合理地疏泄消极情绪。

4. 乐于与人交往，人际关系融洽

人际关系是指人在社会交往过程中所形成的建立在个人情感基础上的相互关系。学前儿童的人际关系虽然比较简单，人际交往的技能也不强，但是，心理健康的学前儿童乐于与人交往，也希望通过交往获得别人的肯定、信任和尊重。同伴关系对学前儿童的心理发展具有重要意义。良好的同伴关系是学前儿童心理健康发展的重要精神环境，有利于他们形成自信、活泼开朗的性格。人际关系融洽的学前儿童乐于与人交往，能与同伴合作，游戏中能够谦让，乐于帮助他人。人际关系失调的学前儿童，往往远离同伴，或成为群体中不受欢迎者，容易形成较强的自卑、孤僻等不健康的心理。

5. 性格特征良好

性格是个性中最核心、最本质的表现，它反映在个体对客观现实的稳定态度及与这种态度相应的行为方式所表现出来的人格特征上。心理健康的学前儿童一般具有热情、勇敢、自信、主动等性格特征，而心理不健康的学前儿童与周围环境会经常处于不协调状态，常常具有冷漠、胆怯、自卑、被动、孤僻等不良性格特征。

6. 没有严重的心理卫生问题

学前儿童由于发育不完善，极易产生心理问题。学前儿童不健康的心理往往以各种行为方式表现出来，诸如吮手指、遗尿、口吃、多动等。心理健康的学前儿童应没有严重的或复杂的心理卫生问题。

在日常生活中，一个心理健康的儿童应该表现出以下特征：有充沛的精力；开朗、愉快、乐观；态度积极主动；能与伙伴和睦相处，在集体中受到欢迎和信任；能较好地适应环境的变化；没有不良行为、不良习惯；注意力能集中；睡眠好。值得注意的是，部分儿童或多或少会存在一些行为问题，但是成人不能因为看到过一次这样的情况就武断地下结论，而是要通过一段时间的观察，看这些行为是否频繁出现，如果发现出现频率过高，就要重视，并及时帮助孩子矫正。

（三）良好的社会适应能力

对学前儿童来说，良好的社会适应能力主要表现在以下三个方面：

（1）能较快地融入集体生活。

（2）乐于与人交往合作，有良好的人际关系。

（3）能主动积极地应对各种压力。

（四）良好的道德品质

健康的学前儿童应具备以下良好的道德品质：

（1）初步懂得判断善恶、美丑、好坏、是非。

（2）勤俭节约，热爱劳动，尊重别人的劳动成果。

（3）讲文明，懂礼貌，不骂人，不撒谎，不讲脏话，别人说话时不插话，不打断别人说话，尊老爱幼。

（4）会合作和分享，会关心他人、帮助他人，有社会责任感。

第三节　影响学前儿童健康的因素

学前儿童的健康有赖于他们所处的良好的自然环境和社会环境。影响学前儿童健康的因素大致可以分为环境因素、生物学因素、生活方式和卫生保健设施等。这些因素相互作用，共同影响着学前儿童的健康。

一、环境因素

环境因素包括自然环境因素和社会环境因素。

1. 自然环境因素

自然环境是人类赖以生存的物质基础。影响人类的自然环境因素包括化学因素、物理因素和生物因素。自然环境对学前儿童健康产生着影响。良好的自然环境能为学前儿童提供各类物质条件，维持和促进其正常的生命活动和健康的发展，也会为他们提供各种精神条件，使他们清醒愉悦、积极向上。如充足的阳光、新鲜的空气、清洁的水源等都是促进和保证学前儿童健康的重要条件。

但是自然环境中也随时会产生危害学前儿童健康的因素。例如：被污染的环境中存在的铅、汞、铬等超标重金属会导致学前儿童急性或慢性中毒；不适当的温度、湿度、照明、空间和噪声等刺激长期作用，会影响学前儿童的生长发育，并影响其情绪和行为，如在空间小的环境中生活的学前儿童侵犯性行为可能增多，焦虑水平相对较高；营养过剩或不足会引起学前儿童相应的病症；通过饮食、呼吸等途径感染致病性细菌、病毒会引起相应的疾病。

2. 社会环境因素

学前儿童的健康除了受自然因素影响外，还受到社会环境因素的影响。社会环境因素包括政治制度、社会经济、文化、教育等。政治制度是保障学前儿童健康发育和成长的根本保证，其中，社会制度确定了与健康相关的政策和资源保障，法律、法规确定了对学前儿童健康人权的维护。

社会经济决定着与学前儿童健康相关的衣、食、住、行。文化可以通过影响学前儿童的伦理观念、道德观念、习惯、人生观等间接影响学前儿童对健康的认识和行为。教育则促进学前儿童树立科学的健康观念、养成良好的健康生活方式。学前儿童生活的社会环境，大到国家、社区，小到幼教机构、家庭等，都对学前儿童的健康产生重要的影响。对学前儿童影响较大的社会环境主要有家庭、托幼机构和社区。

（1）家庭。

家庭是学前儿童早期生活的基本社会环境。学前儿童的健康与家庭的关系最密切。家庭经济和营养状况，家庭氛围，家庭的教养方式，家长的身心素质、生活方式等都与学前儿童的生长发育和身心健康密切相关。

良好的家庭氛围可使学前儿童生活乐观、待人和善，有安全感，有健康的行为习惯；相反，学前儿童和家庭成员的关系不好，家庭气氛冷漠，就会给学前儿童一种不安全感，使其容易紧张和焦虑，忧心忡忡，害怕父母迁怒于自己，容易产生情绪和行为问题。

家长的文化素质影响家庭的保教能力。一般来说，文化素质高、身心素质好的父母能用自己的健康知识、态度和行为去影响和教育子女，培养他们乐观上进的品格和健康的行为习惯，鼓励他们积极参加体育锻炼等。父母是子女的第一任教师，父母的一言一行，对学前儿童的生活方式、个性、人格、智力、价值观念的取向等都有潜移默化的影响。家长在提高自身的健康水平的同时，在家庭中注意培养学前儿童健康的行为习惯，同时配合幼儿园开展相应内容的教育，将会对学前儿童健康教育的有效实施起到推动作用。

（2）托幼机构。

托幼机构是对幼儿实施保育和教育的机构，承担着对幼儿提供保健服务的任务。托幼机构的环境、师幼关系、生活制度、膳食管理、防病措施、健康教育等都是影响学前儿童身心健康的重要因素。《纲要》中提到："幼儿园应为幼儿提供健康、丰富的生活和活动环境，满足他们多方面发展的需要，使他们在快乐的童年生活中获得有益于身心发展的经验。"为此，托幼机构应当重视创设健康的物质生活环境，例如，电线、开关等要布置在幼儿伸手触碰不到的地方，热水桶、暖气片等有安全隐患的物品要安装防护装置等。

在创设健康的物质生活环境的同时，托幼机构还应当积极构建健康的心理环境。《纲要》指出："教师的态度和管理方式应有助于形成安全、温馨的心理环境；言行举止应成为幼儿学习的良好榜样。"教师应"以关怀、接纳、尊重的态度与幼儿交往"。《幼儿园教师专业标准》中的"专业理念与师德"维度中明确要求："6. 关爱幼儿，重视幼儿身心健康，将保护幼儿生命安全放在首位。7. 尊重幼儿人格，维护幼儿合法权益，平等对待每一位幼儿。不讽刺、挖苦、歧视幼儿，不体罚或变相体罚幼儿。8. 信任幼儿，尊重个体差异，主动了解和满足有益于幼儿身心发展的不同需求。9. 重视生活对幼儿健康成长的重要价值，积极创造条件，让幼儿拥有快乐的幼儿园生活。"为此，托幼机构还应当积极构建健康的心理生活环境，重点关注和谐的班级氛围、平等的师幼关系和互帮互助的家园关系的创设，使学前儿童情绪安定、心情愉快；要充分认识到心理环境对学前儿童的影响有时比物质环境的影响更为深刻，要根据学前儿童的情绪和行为表现反思、调整和改进心理环境。这些措施都将维护和促进学前儿童的身心健康。

（3）社区。

社区是由生活在一定地域范围内的人们所形成的一种社会生活共同体，它既是人们聚集、生活的一定地域，也是社会成员参与社会活动的基本场所。它是具体的地方社会，是大社会的缩影。学前儿童生活在这里，周围的一些人口、地理、环境、经济、文化、组织等资源，都将对学前儿童的身心健康产生影响。

利用社区环境对学前儿童进行健康教育是教育的需要，也是社会发展的需要。如社区中的健康教育机构、医疗卫生机构、宣传和新闻部门、文化和娱乐部门、各类社会团体等都是在对学前儿童进行健康教育时可利用的社会环境资源。为保证健康教育取得良好的效果，教育者一定要调动各种社会力量，为学前儿童一生的健康打下良好的基础。

二、生物学因素

在影响学前儿童健康的生物学因素中，遗传因素和疾病因素是重要的因素。

1. 遗传因素

现代医学发现，遗传现象除了表现在长相、身高、智力等方面，很多疾病如色盲、先天愚型、各种代谢性疾病和内分泌疾病等也是可以遗传的。有研究者通过家系调查发现，有3 000多种疾病与遗传有关。此外，人的许多心理行为也受遗传的影响，如性格内向或外向、行为退缩或有攻击性、情绪焦虑或抑郁等都可能受遗传因素的影响。

2. 疾病因素

疾病对学前儿童健康的影响是显而易见的。生物性病原体侵入人体后会导致许多疾病发生。有的疾病能直接造成器官的损害，如单纯疱疹病毒引起的脑炎会导致脑部发炎、水肿，并出血、坏死等，留下严重的后遗症。慢性疾病对学前儿童发育的影响也很大，如地方性克汀病会导致个体身材矮小、智力发育落后、语言发育障碍等。麻疹、百日咳等急性传染病若治疗不当或诱发并发症，也同样会影响学前儿童的生长发育。

三、生活方式

生活方式是影响人们健康的重要因素，它是指人们长期受一定文化、民族、经济、社会、风俗、规范，特别是家庭影响而形成的一系列生活习惯、生活制度和生活意识。健康行为取决于人们选择这些生活方式的行动过程。如吸烟、喝酒、饮食习惯引起的营养不良和营养过剩等已严重影响人们的身体健康。当今不良的生活方式已经成为现代社会中影响人们健康的主要因素之一。人类主要死亡原因由数十年前的呼吸系统疾病、急性传染病、消化系统疾病等转变为心血管系统疾病、恶性肿瘤、事故等，而后者与人的生活方式和行为密切相关，如摄入过量的高脂肪、高热量的食物，吸烟，缺乏体力劳动等都容易引发心血管系统疾病。我国提出的有关健康生活方式的建议如下：

（1）心胸豁达，情绪乐观。

（2）劳逸结合，坚持锻炼。

（3）生活规律，善用闲暇。

（4）营养适当，防止肥胖。

（5）不吸烟，不酗酒。

（6）家庭和谐，适应环境。

（7）与人为善，自尊自重。

（8）爱好清洁，注意安全。

学前儿童期是人逐渐形成自己的生活方式的起始阶段，接受并形成良好的生活方式与行为将对其一生健康大有益处。在学前阶段，有益于健康的生活方式包括饮食合理均衡、有规律地生活、坚持体育运动、定期接受健康检查、保持稳定和乐观的情绪、自尊、自重等。

四、卫生保健设施

托幼机构是对学前儿童实施保育和教育的机构，承担着对学前儿童提供保健服务的任务。托幼机构卫生保健设施的完善程度、服务质量等都会直接影响学前儿童的健康状况。

事实上，影响学前儿童健康的因素在生活中是相互作用的，难以分割清楚。教育者应用系统、全面的观点去认识各种因素对学前儿童健康的影响。

思考与练习

一、单选题

1. 健康是一种动态的身体、心理、精神和社会适应能力的良好状态。这一定义指出健康具有（　　）。

A. 客观性

B. 主观性

C. 统一性

D. 动态性

2. 1989年世界卫生组织将健康的概念调整为健康应包括生理健康、心理健康、（　　）和道德健康。

A. 社会关系良好

B. 社会适应良好

C. 环境适应良好

D. 人际关系良好

3. 身体健康的标志不包括（　　）。

A. 生长发育良好

B. 机体对内、外环境有一定的适应能力

C. 体能发展良好

D. 认知发展正常

4. （　　）是学前儿童早期生活的基本的社会环境，学前儿童的健康与其关系最密切。

A. 家庭

B. 托幼机构

C. 社区

D. 社会

二、判断题

1. 健康是指身体没有缺陷和疾病。（　　）

2. 学前儿童健康教育是学前儿童全面发展的重要组成部分。（　　）

3. 学前儿童期是人逐渐形成自己的生活方式的起始阶段，接受并形成良好的生活方式与行为将对其一生健康大有益处。（ ）

三、简答题

1. 简述健康的特征。

2. 简述学前儿童健康的标志。

第二章

学前儿童健康教育的目标和内容

【学习目标】

1. 能够根据学前儿童身心发展特点制定健康教育的目标。
2. 能够合理地选择适合学前儿童的健康教育内容。
3. 了解学前儿童健康教育的实施途径。

第一节　学前儿童健康教育的目标

学前儿童健康教育的目标是学前儿童的身心发展要达到的预期健康水平，是学前儿童健康教育活动的出发点和归宿。它不仅影响着教育内容、方法、手段和教育活动的组织形式，还决定着教师的观念和行为，最终对学前儿童的发展发挥效力。而在制定具体的教育活动目标之前，教师首先要将学前儿童健康教育的总目标作为最重要的价值立足点，并紧密地围绕学前儿童身心发展的特点展开思考。为此，本节将对学前儿童健康教育的总目标及年龄阶段发展目标做相应介绍，为具体教育活动目标的制定及活动的设计提供基本依据。

根据《幼儿园工作规程》中确定的幼儿园保教目标，结合学前儿童身心发展的特点及健康教育活动目标自身的特殊性，可以将学前儿童健康教育目标从上到下分为以下六个层次：总目标、学年目标、学期目标、月目标、单元教育活动目标（周目标）、具体教育活动目标。

一、学前儿童健康教育总目标

学前儿童健康教育的总目标是以学前儿童身心发展特点为根本依据，以学前教育和健康教育的总目标为直接依据，以社会发展与要求为重要依据而制定的。同时，它又是各年龄阶段目标及具体活动目标的制定依据，是学前儿童健康教育的最终目的，对学前儿童身心健康起着规范作用。

《纲要》提出健康领域的总目标如下：

（1）身体健康，在集体生活中情绪安定、愉快。

（2）生活、卫生习惯良好，有基本的生活自理能力。

（3）知道必要的安全保健常识，学习保护自己。

（4）喜欢参加体育活动，动作协调、灵活。

上述总目标体现了三个方面的价值取向。

第一，身心和谐发展。学前儿童健康教育既要重视身体健康，也要关注心理健康，这是正确健康观念的重要体现。学前儿童的身体健康主要外显为发育健全、具备基本的生活自理能力等生理特征。学前儿童的心理健康则以情绪稳定、适应集体生活等相对内隐的因素为主要特征。学前儿童的身体健康与心理健康是密不可分的，身体健康是心理健康的基础与载体，心理健康则是身体健康的条件和保证。

第二，保护与锻炼并重。学前儿童身体的各个器官、系统处于不断发育的过程中，其机体易受损伤，易感染疾病。因此，学前儿童健康目标的达成需要成人提供一定的帮助，但成人更要重视让学前儿童掌握必要的保健、安全知识，以增强其自我服务、自我保护的能力。同时，成人也应让学前儿童适当参加体育锻炼，增强体能，从而促进其体质发展。自我保护能力的增强为学前儿童顺利开展体育锻炼提供了有利条件，而学前儿童体质的增强又可促进其自我保护能力的增强。

第三，健康行为的形成与健康态度的转变并重。《纲要》和《指南》既关注学前儿童健康行为的表现，也注重学前儿童的积极态度。探讨学前儿童健康行为建立、改变和巩固的一般规律是学前儿童健康教育研究的重点。虽然树立健康的生活方式、改善健康态度、培养和巩固健康行为都是学前儿童健康教育的目标，但是我们应意识到学前儿童对健康的认识、态度的转变是为其形成健康行为做铺垫，是行为养成的前提。学前儿童健康行为的养成是学前儿童健康教育的核心目标。

二、各年龄阶段具体的健康教育目标

年龄阶段目标指的是根据学前儿童健康教育总目标确立的，按学前儿童年龄阶段划分的中短期发展目标。学前儿童健康教育的年龄阶段目标是总目标在各阶段上的具体体现，是总目标的具体化。它把学前儿童健康教育的总目标按不同年龄学前儿童的发展水平做了具体划分，因此，年龄阶段目标的要求在指导思想上和总目标是完全一致的。年龄阶段目标反映了不同年龄阶段学前儿童的目标要求的差异性。学前儿童的年龄不同，其身心特点、需求、兴趣也不同，这就决定了必须根据他们的年龄特点，提出不同于其他年龄阶段的适宜的目标以适应他们的发展需求。另外，健康教育的各年龄阶段目标之间是具有连续性的，这种连续性反映了学前儿童发展的连续性。

《指南》分别对3~4岁、4~5岁、5~6岁三个年龄阶段末期幼儿应该知道什么、能做什么、大致可以达到的发展水平提出了合理期望，指明了幼儿在健康领域学习与发展的具体方向。《指南》从身心状况、动作发展、生活习惯与生活能力三个维度对健康提出的具体目标如表2-1至表2-9所示。

（一）身心状况

表2-1　目标1　具有健康的体态

3~4岁	4~5岁	5~6岁
1. 身高和体重适宜。参考标准： 男孩： 身高：94. 9—111. 7 厘米 体重：12. 7—21. 2 公斤 女孩： 身高：94. 1—111. 3 厘米 体重：12. 3—21. 5 公斤 2. 在提醒下能自然坐直、站直	1. 身高和体重适宜。参考标准： 男孩： 身高：100. 7—119. 2 厘米 体重：14. 1—24. 2 公斤 女孩： 身高：99. 9—118. 9 厘米 体重：13. 7—24. 9 公斤 2. 在提醒下能保持正确的站、坐和行走姿势	1. 身高和体重适宜。参考标准： 男孩： 身高：106. 1—125. 8 厘米 体重：15. 9—27. 1 公斤 女孩： 身高：104. 9—125. 4 厘米 体重：15. 3—27. 8 公斤 2. 经常保持正确的站、坐和行走姿势

注：身高和体重数据来源于《2006年世界卫生组织儿童生长标准》4、5、6周岁儿童身高和体重的参考数据。

表2-2　目标2　情绪安定愉快

3~4岁	4~5岁	5~6岁
1. 情绪比较稳定，很少因一点小事哭闹不止 2. 有比较强烈的情绪反应时，能在成人的安抚下逐渐平静下来	1. 经常保持愉快的情绪，不高兴时能较快缓解 2. 有比较强烈情绪反应时，能在成人提醒下逐渐平静下来 3. 愿意把自己的情绪告诉亲近的人，一起分享快乐或求得安慰	1. 经常保持愉快的情绪。知道引起自己某种情绪的原因，并努力缓解 2. 表达情绪的方式比较适度，不乱发脾气 3. 能随着活动的需要转换情绪和注意

表 2-3　目标 3　具有一定的适应能力

3~4 岁	4~5 岁	5~6 岁
1. 能在较热或较冷的户外环境中活动 2. 换新环境时情绪能较快稳定，睡眠、饮食基本正常 3. 在帮助下能较快适应集体生活	1. 能在较热或较冷的户外环境中连续活动半小时左右 2. 换新环境时较少出现身体不适 3. 能较快适应人际环境中发生的变化。如换了新老师能较快适应	1. 能在较热或较冷的户外环境中连续活动半小时以上 2. 天气变化时较少感冒，能适应车、船等交通工具造成的轻微颠簸 3. 能较快融入新的人际关系环境。如换了新的幼儿园或班级能较快适应

（二）动作发展

表 2-4　目标 1　具有一定的平衡能力，动作协调、灵敏

3~4 岁	4~5 岁	5~6 岁
1. 能沿地面直线或在较窄的低矮物体上走一段距离 2. 能双脚灵活交替上下楼梯 3. 能身体平稳地双脚连续向前跳 4. 分散跑时能躲避他人的碰撞 5. 能双手向上抛球	1. 能在较窄的低矮物体上平稳地走一段距离 2. 能以匍匐、膝盖悬空等多种方式钻爬 3. 能助跑跨跳过一定距离，或助跑跨跳过一定高度的物体 4. 能与他人玩追逐、躲闪跑的游戏 5. 能连续自抛自接球	1. 能在斜坡、荡桥和有一定间隔的物体上较平稳地行走 2. 能以手脚并用的方式安全地爬攀登架、网等 3. 能连续跳绳 4. 能躲避他人滚过来的球或扔过来的沙包 5. 能连续拍球

表 2-5　目标 2　具有一定的力量和耐力

3~4 岁	4~5 岁	5~6 岁
1. 能双手抓杠悬空吊起 10 秒左右 2. 能单手将沙包向前投掷 2 米左右 3. 能单脚连续向前跳 2 米左右 4. 能快跑 15 米左右 5. 能行走 1 公里左右（途中可适当停歇）	1. 能双手抓杠悬空吊起 15 秒左右 2. 能单手将沙包向前投掷 4 米左右 3. 能单脚连续向前跳 5 米左右 4. 能快跑 20 米左右 5. 能连续行走 1.5 公里左右（途中可适当停歇）	1. 能双手抓杠悬空吊起 20 秒左右 2. 能单手将沙包向前投掷 5 米左右 3. 能单脚连续向前跳 8 米左右 4. 能快跑 25 米左右 5. 能连续行走 1.5 公里以上（途中可适当停歇）

表 2-6　目标 3　手的动作灵活协调

3~4 岁	4~5 岁	5~6 岁
1. 能用笔涂涂画画 2. 能熟练地用勺子吃饭 3. 能用剪刀沿直线剪，边线基本吻合	1. 能沿边线较直地画出简单图形，或能边线基本对齐地折纸 2. 会用筷子吃饭 3. 能沿轮廓线剪出由直线构成的简单图形，边线吻合	1. 能根据需要画出图形，线条基本平滑 2. 能熟练使用筷子 3. 能沿轮廓线剪出由曲线构成的简单图形，边线吻合且平滑 4. 能使用简单的劳动工具或用具

（三）生活习惯与生活能力

表 2-7　目标 1　具有良好的生活与卫生习惯

3~4 岁	4~5 岁	5~6 岁
1. 在提醒下，按时睡觉和起床，并能坚持午睡 2. 喜欢参加体育活动 3. 在引导下，不偏食、挑食。喜欢吃瓜果、蔬菜等新鲜食品 4. 愿意饮用白开水，不贪喝饮料 5. 不用脏手揉眼睛，连续看电视等不超过 15 分钟 6. 在提醒下，每天早晚刷牙、饭前便后洗手	1. 每天按时睡觉和起床，并能坚持午睡 2. 喜欢参加体育活动 3. 不偏食、挑食，不暴饮暴食。喜欢吃瓜果、蔬菜等新鲜食品 4. 常喝白开水，不贪喝饮料 5. 知道保护眼睛，不在光线过强或过暗的地方看书，连续看电视等不超过 20 分钟 6. 每天早晚刷牙、饭前便后洗手，方法基本正确	1. 养成每天按时睡觉和起床的习惯 2. 能主动参加体育活动 3. 吃东西时细嚼慢咽 4. 主动饮用白开水，不贪喝饮料 5. 主动保护眼睛。不在光线过强或过暗的地方看书，连续看电视等不超过 30 分钟 6. 每天早晚主动刷牙，饭前便后主动洗手，方法正确

表 2-8　目标 2　具有基本的生活自理能力

3~4 岁	4~5 岁	5~6 岁
1. 在帮助下能穿脱衣服或鞋袜 2. 能将玩具和图书放回原处	1. 能自己穿脱衣服、鞋袜、扣纽扣 2. 能整理自己的物品	1. 能知道根据冷热增减衣服 2. 会自己系鞋带 3. 能按类别整理好自己的物品

表 2-9　目标 3　具备基本的安全知识和自我保护能力

3~4 岁	4~5 岁	5~6 岁
1. 不吃陌生人给的东西，不跟陌生人走 2. 在提醒下能注意安全，不做危险的事 3. 在公共场所走失时，能向警察或有关人员说出自己和家长的名字、电话号码等简单信息	1. 知道在公共场合不远离成人的视线单独活动 2. 认识常见的安全标志，能遵守安全规则 3. 运动时能主动躲避危险 4. 知道简单的求助方式	1. 未经大人允许不给陌生人开门 2. 能自觉遵守基本的安全规则和交通规则 3. 运动时能注意安全，不给他人造成危险 4. 知道一些基本的防灾知识

根据学年目标的要求，结合在园幼儿的实际，教师要制定详细的学期目标、月目标、单元教育目标和具体教育活动目标。每个教育活动的目标都是上述层次目标的具体化，要具有可操作性。

三、学前儿童健康教育具体活动目标

（一）学前儿童健康教育活动目标的分类

1. 按内容分类

按照内容，学前儿童健康教育活动目标可分为认知目标、能力或技能目标和情感态度目标。

第一，认知目标。应明确提出学习健康知识的具体要求，它包括所获得知识的形式、数量和种类，以及运用这些知识的技能和能力。认知目标的表述术语主要有了解、理解、掌握、明白、学会、认识等。

第二，能力或技能目标。应具体说明能力或技能的训练效果，如：有初步的生活自理的能力，能够遵守交通规则，有听口令和按信号做出相应动作的能力等。能力或技能目标的表达术语有能够、学会、运用、使用等。

第三，情感态度目标。应明确提出对学前儿童情感态度的培养内容，包括兴趣、态度和价值观等方面，如：培养健康意识，懂得活动内容中所包括的文明道德等方面的道理。情感态度目标的表述术语有“培养……情感”“懂得……道理”“明白……意义”等。

案例

大班健康教育活动

【活动目标】

（1）了解常见的几类食物的营养，知道饮食要合理搭配才会让身体更健康。

（2）通过自助餐的游戏合理搭配午餐，能做到色彩合理搭配、荤素合理搭配和干稀合理搭配。

（3）体验配餐游戏的快乐，乐于分享自己的配餐方法。

2. 按表达方式分类

按照表达方式，学前儿童健康教育活动目标可分为行为目标、表现性目标和生成性目标（表 2-10）。

表 2-10　学前儿童健康教育活动目标按表达方式分类

表达方式	定义	举例
行为目标	指可观察、可测量、可操作的，比较具体的目标，注重结果，常用“能……”“知道……”“理解……”“学会……”“区分……”“将……进行分类”等表述	能单脚连续向前跳 5 米左右；能手口一致地点数 5 以内的物体，并能说出总数
表现性目标	指幼儿在具体教育情境中所产生的个性化表现，因为表达较笼统，侧重活动要求，常用“欣赏……”“讨论……”“说说……”等表述	说说喜欢吃的蔬菜；谈谈可以为别人做什么
生成性目标	指随着教育活动的开展，幼儿在活动过程中自然而然产生并实现的活动目标，它是教育情境的产物和问题解决的结果，常用“尝试……”等表述	尝试绳子的各种玩法，大胆尝试与同伴合作

（二）学前儿童健康教育活动目标制定的注意事项

用语言正确地表述目标内容是制定目标的重要环节。在具体的制定过程中应遵循以下要求。

1. 内容要全面，应包括所要发展的素质的各个方面内容

每一个教育活动在实施前一般都确定了目标，活动的实施是为了实现活动的目标，但教师也应该依据幼儿的反应调整目标。教育活动的目标在内容上一般包括情感态度、认知和能力三个方面。仅有认知方面的目标，忽视情感态度或能力方面的目标，或者仅有能力目标，忽视认知与情感态度方面的目标等都是不恰当的。

案例

大班健康教育活动——穿合适的衣服

（1）认识几种不同类型的衣服。

（2）知道不同种类的衣服有不同的用处。

以上目标显得有些单薄，可以增加“会自己穿衣服”“能欣赏各种各样的服装”等目标。

2. 要把发展内容表述得明确得体，便于操作

高层次的教育目标可能写得相对概括，比如总目标中规定的“动作协调、灵活”等；低层次的目标内容则应表述得更具体。

案例

小班健康教育活动——蔬菜宝宝

原目标：知道吃蔬菜有利于身体健康。

修改后的目标：知道吃蔬菜可以少生病、变强壮。

原目标过于笼统，没有针对性，没能以通俗的语言揭示蔬菜的营养价值。

但是，具体不等于啰嗦重复，如下例所示。

案例

大班健康教育活动——我做牙科小医生

原目标：知道饭后不刷牙、睡前不刷牙、含糖睡觉会导致蛀牙，使牙齿疼。

简化后的目标：初步了解龋齿形成的原因。

3. 要从幼儿的角度来表述目标

从教师的角度来表述幼儿发展的目标是不准确的，因为这是幼儿自身要达到的发展目标，而不是教师要传授的内容。从教师角度出发表述的目标常以“引导”“让幼儿”“教会……”等形式表述；从幼儿角度表述的目标常以“学习（学会）……”“体验……”“感受……”等形式表述。

案例

大班健康教育活动——我是护眼小卫士

原目标：让幼儿了解近视形成的原因。（从教师角度出发表述的目标）

修改后的目标：初步了解近视形成的原因。（从幼儿角度出发表述的目标）

在具体的活动目标制定中还应注意统一各条目标的表述角度。

案例

中班健康教育活动——今天你喝牛奶了吗

【活动目标】

（1）认识各种乳类食品：如牛奶、酸奶等。

（2）让幼儿懂得喝牛奶有利于身体健康。

（3）培养幼儿喝牛奶的良好习惯。

在这三条目标中，第一条是从幼儿角度出发的目标，第二、三条目标却是从教师角度

出发的目标，表述角度没统一。第二、三条目标可分别改为“懂得喝牛奶有利于身体健康”“养成喝牛奶的良好习惯”。

4. 目标要突出重点

目标的确定不能太笼统，应有针对性并体现本次活动的重点。

案例

大班健康教育活动——教室真干净

原目标：知道自己长大了，能做力所能及的事情，会管理自己的物品。

修改后的目标：能主动打扫教室，愿意做力所能及的事。

原目标制定的范围太广，还适用于其他的健康教育活动，如此一来，教师在组织教学的过程中就很难操作。

5. 目标不宜过高或过低

具体活动目标的制定不仅要考虑各年龄段幼儿的身心发展特点，而且要考虑幼儿的具体情况。过高或过低的目标都不利于促进幼儿的学习与发展。

案例 1

小班健康教育活动——食物的旅行

目标之一：知道食物经过的人体器官的名称和顺序。

这一目标难度过大，实现的可能性较小，且没有实现的必要性。

案例 2

大班健康教育活动——我做牙科小医生

目标之一：根据演示内容，学习正确的刷牙方法。

这一目标要求偏低，可能会导致教育活动没有难度，使得幼儿注意力不集中，学习兴趣、参与程度都不高，适用于小班。

第二节　学前儿童健康教育的内容

随着科学技术的飞速发展，生态环境及人们生活方式的不断变化，社会对学前儿童健康教育的关注度越来越高，心理健康教育、生命健康教育、环境保护教育不断受到重视。同时，社会在注重健康知识传播的基础上，更注重改善学前儿童健康态度，培养学前儿童健康行为，最终促进学前儿童健康发展。可以说，学前儿童健康教育与学前儿童其他领域教育息息相关。

一、学前儿童健康教育的内容

《纲要》提出了幼儿园健康教育的内容与要求：

第一，建立良好的师生、同伴关系，让幼儿在集体生活中感到温暖，心情愉快，形成安全感、信赖感。

第二，与家长配合，根据幼儿的需要建立科学的生活常规。培养幼儿良好的饮食、睡眠、盥洗、排泄等生活习惯和生活自理能力。

第三，教育幼儿爱清洁、讲卫生，注意保持个人和生活场所的整洁和卫生。

第四，密切结合幼儿的生活进行安全、营养和保健教育，提高幼儿的自我保护意识和能力。

第五，开展丰富多彩的户外游戏和体育活动，培养幼儿参加体育活动的兴趣和习惯，增强体质，提高对环境的适应能力。

第六，用幼儿感兴趣的方式发展基本动作，提高动作的协调性、灵活性。

第七，在体育活动中，培养幼儿坚强、勇敢、不怕困难的意志品质和主动、乐观、合作的态度。

依据《纲要》的要求，结合近年来学前儿童健康教育的研究成果，学前儿童健康教育领域的内容可以大致分为以下六个方面：学前儿童体育、学前儿童生活习惯与生活能力教育、学前儿童身体保健教育、学前儿童饮食与营养教育、学前儿童安全教育、学前儿童心理健康教育。

（一）日常健康行为

1. 生活自理能力

培养进餐、着装、睡眠、如厕、盥洗等方面良好的自理能力。

2. 良好的作息习惯

按时睡眠，定时、定量饮食，定时大小便、盥洗，每天有规律地生活、学习。

3. 清洁卫生习惯

讲究个人卫生，养成勤洗手、勤洗头、勤洗脚、勤换衣、勤剪指甲、勤理发等卫生习惯，学会使用自己专用的手帕、面巾、浴巾、茶杯、纸巾等，特别是在咳嗽、打喷嚏时，会使用手帕或纸巾捂住口鼻，不挖鼻孔。

4. 学习卫生习惯

养成良好的阅读、绘画、写字、唱歌等习惯，坐、站、行、睡姿势正确，注意用眼卫生，保持书籍、文具和玩具的清洁，养成自己整理活动用具的习惯。

5. 关心周围环境的卫生

了解自然环境中的花草树木、禽兽鱼虫、阳光、水土与人的生存和身心健康的关系，认识到环境污染对人的危害及保护环境的重要性，懂得保护和美化环境与增进健康的关系，爱护周围环境，养成关心和自觉保护周围环境卫生的习惯，初步具备环保意识，逐步形成保护环境的社会责任感，并落实于自身的行为中。

（二）饮食与营养

第一，情绪愉快，愿意独立进餐，能自己使用勺子、筷子等餐具进餐。

第二，认识一些常见食物，喜欢吃各种食物，初步了解常见食物的营养价值。

第三，平衡膳食，不挑食、不过食；知道要多吃富有粗纤维的蔬菜、富有营养的食品等；主动饮水，少吃零食，多吃水果、蔬菜。

第四，按时进餐，定时定量，保持清洁，进餐习惯良好，如饭前洗手；掌握使用餐具的方法，不乱吃零食和过多饮用冷饮；进餐时细嚼慢咽；等等。

第五，初步感受中外饮食文化的不同，如餐具、食物、习惯等的区别。

延伸阅读

学前儿童的饮食如何做到营养均衡

学前儿童的饮食营养均衡可以通过合理搭配来实现：

（1）粗细搭配。学前儿童每天的主食既要有细粮又要有粗粮。

（2）荤素搭配。学前儿童每餐的食物既要有荤菜又要有素菜。

（3）果蔬搭配。学前儿童既要吃水果，又要吃蔬菜。

（4）干稀搭配。学前儿童每天三顿饭都要既有干粮，又有汤或粥，并要重视适当多喝牛奶和补充水分。

另外，学前儿童的饮食还要以清淡为主，不要吃过咸和辛辣的食物，少吃甜食。

（三）身体生长

1. 认识身体主要器官及其功能

认识身体主要器官的构造及其功能，包括口、眼、耳、鼻、心脏、胃、大脑、食道等，知道它们在人体的位置，是人体的重要组成部分；了解上述器官的相关基础知识、功能和保护方法。

2. 积极配合疾病预防与治疗

了解常见疾病，如感冒、发烧、拉肚子等；知道生病的原因，如着凉、细菌感染等；知道平时及时添加衣物、积极参加体育锻炼、饮食营养均衡能预防疾病；生病后能及时消除恐惧情绪，不怕吃药、打针，能积极配合医生治疗等。

3. 接受初步的性教育

逐步学习科学简洁的性知识，防止产生性压抑和性神秘感，形成正确的性别认同和性别角色意识；形成健康的性心理，正确处理幼儿的性游戏；矫正摸生殖器和摩擦大腿等不良习惯。

4. 具有探索生命现象的兴趣

能区分生命物和非生命物，初步理解生命的概念；主动探究生活中常见的生命物，关心照顾植物，关爱动物，珍爱生命。

（四）安全保护

第一，了解及遵守日常生活中的安全常识与规则，过马路、乘坐交通工具、玩各种运动器械时能注意安全。

第二，认识常见安全标志，遵守交通规则，初步形成自我保护意识。

第三，了解应对意外事故（如火灾、雷击、地震、台风等）的常识，掌握基本的求生技能。

（五）心理健康

1. 培养社交能力

学习感知和理解他人的情感，对他人的情绪情感给予合适、积极的反应；学习轮流、合作、分享、互助的技能，乐于助人，能够在幼儿园与同伴共同生活、友好相处，遇到困难会请求帮助；有初步的公平竞争意识和行为，能正确对待输赢；懂得基本的生活礼节，如做客、待客有礼貌，倾听别人说话等。

2. 学习表达和调节自己情绪的方法

情绪愉快，知道快乐有益于健康；学习用语言和非语言（神态、表情、动作等）方式表达、调节积极和消极的情绪；学习用自我说服、诉说、转移注意力、宽容等方法调节情绪；学习合理宣泄愤怒、畏惧、忧虑、委屈、厌恶等消极情绪，增强自尊、自信和自我控制能力等。

3. 无心理健康问题

在集体生活中情绪安定、习惯良好，能够基本正确地认识、评价和调节自我，乐于与同伴交往，形成安全感与信任感，增强积极的自我意识，没有明显的心理健康问题。

4. 锻炼独立生活和学习的能力

学习自己的事情自己做，不依赖他人；不怕困难，愿意克服困难；在学习和游戏中能独立思考并解决问题，能独立操作完成任务；能体验独立自主获得成功的愉快感，培养良好的个性心理品质。

（六）体育锻炼

第一，具有积极参加体育活动的兴趣。

第二，掌握身体活动的知识和技能，包括走、跑、跳、钻爬、投掷、平衡、攀登等基本动作及有关知识。

第三，能够进行身体素质练习，掌握平衡、协调等身体机能练习的有关知识和技能。

第四，能够进行基本体操练习和队列队形练习，包括徒手体操、轻器械操，口令、信号与动作、列队，变化队形练习等。

二、学前儿童健康教育内容的选择原则

学前儿童健康教育内容的选择原则主要有以下几个：

（一）主体原则

学前儿童健康教育内容的选择应坚持以学前儿童为主体的原则，促使学前儿童由“要我学”变成“我要学”“我爱学”。

（二）科学原则

学前儿童健康教育内容的选择应坚持科学原则，保证知识准确、概念明确、数据可靠，不能违背科学事实。

（三）发展原则

学前儿童健康教育内容的选择应坚持发展原则，让内容略高于学前儿童现有的水平，同时又是学前儿童通过努力可以完成的。此外，要注重个体差异。活动应以小组、个别活动为主，集体活动为辅，从而促进每个学前儿童的发展。

（四）整合原则

学前儿童健康教育内容的选择应在一个较为宽泛的范畴中进行，整合身体保健与心理保健的内容，整合身心保健与身体锻炼的内容，整合幼儿健康教育与其他领域教育的内容，切不可人为地割裂有益于学前儿童发展的整体经验。

三、学前儿童健康教育内容的选择要注意的问题

选择和确定学前儿童健康教育的内容，需要注意以下几个方面：

（一）与学前儿童健康教育目标相匹配

学前儿童健康教育的内容应该根据教育目标进行选择，而教育目标要以教育内容为依据才能得到落实。例如，为锻炼中班幼儿的腿部力量，教师制定了“学习双腿连续跳跃，提高动作的协调性，乐意参与体育活动”的目标，在教育内容的选择上，就应该紧密围绕目标，可以选择“袋鼠跳”等体育游戏。

在实际操作中，目标与内容不是简单的一一对应关系，而是多对多的关系，这就决定了依据目标进行的内容选择具有一定的复杂性。选择内容时首先要考虑是为了实现哪一个或哪几个目标，对内容所包含的教育价值进行基本分析，估计一下所选内容与目标有何关联，是否还有其他与目标关系更密切的内容。其次，依据某一目标选择内容时，要考虑还有哪些内容能够促进这一目标的实现，因为内容与目标并非一一对应的关系，一个目标往往需要学习多项内容才能达到；并且还要考虑某一内容还可以达到哪些目标，因为有时一项内容也可能指向多个目标。再次，还需要考虑情感态度类目标，因为这些目标没有特定的、直接与之对应的内容，这就需要给予学前儿童相应的经验来达成。

（二）与学前儿童身心发展特点相吻合

正如陈鹤琴先生所说，幼儿园课程的选择应是儿童化的，不是成人化的。教师虽然在确定学前儿童健康教育目标的时候已经考虑到了学前儿童身心发展的特点和规律，但在选择内容时，还需进一步分析其身心发展的特点和规律。健康教育内容的难易程度应处在学前儿童的最近发展区，既要符合其已有的发展水平，又要能促进其进一步发展。即使是同一年龄段的学前儿童，也有各自不同的最近发展区。因此，教师在选择内容时必须了解学前儿童的一般发展需要和特殊发展需要。最后还需考虑学前儿童已有的生活经验、健康现状和发展趋势，了解学前儿童的接受能力，选择学前儿童可接受的方式有效开展教育活动。

（三）与社会时代发展相适应

教育要为社会发展培养人才。任何教育都要根据社会的需求来规定人才培养的目标。不同的社会形态及经济发展条件对人才的要求是不同的。时代的发展、科学的进步、知识的更新都应在学前儿童健康教育中有所反映，这是学前儿童健康教育现代化的要求，也是学前儿童发展的要求。因此，选择健康教育内容时，要考虑当前社会发展的实际情况，与时俱进。比如，目前手机已经普及到每个家庭，部分学前儿童对手机非常熟悉，因此教师在开展学前儿童安全自护教育时，可以将使用手机求救列入教育内容中。

四、学前儿童健康教育的实施途径

学前儿童健康教育的实施途径主要包括健康教育活动、日常生活的渗透、家园合作等。

（一）开展健康教育活动

为了让学前儿童比较容易地理解和系统地掌握健康的行为技能，教师需要有计划、有目的地组织教育活动，以更好地引导与启发学前儿童。

1. 专门性的健康教育活动

专门性的健康教育活动有助于更具体、系统地对学前儿童进行健康指导，这是帮助学前儿童获得健康知识、形成健康意识、培养健康行为与习惯的重要途径。按照教育活动组织的严密程度和教师指导方式，学前儿童健康教育活动大致可分为正规性和非正规性的健康教育活动两种。正规性的健康教育活动有利于教师有目的、有计划、有组织地对学前儿童实施各种能够促进其身心健康的活动。非正规性的健康教育活动（如学前教育机构的户外体育活动等）一方面可以作为正规性健康教育活动的延伸；另一方面由于其自身具有丰富的活动内容，且活动形式多样，它又具有正规性健康教育活动所不能替代的重要作用。如大班健康教育活动“食物金字塔”，通过交流分享、观看多媒体演示、模拟搭配等方式让幼儿了解食物的多样性与营养差异，知道只有合理搭配食物，身体才能更健康。

2. 围绕某一健康主题开展的健康活动

健康主题活动能够使学前儿童对于某一主题形成较为完整的经验与体验，如开展“爱吃蔬菜”的活动，可以让学前儿童在种植区亲自种植、采摘蔬菜，让家长带学前儿童到农贸市场认识多种多样的蔬菜，让学前儿童参与制作蔬菜菜肴的过程，或利用部分蔬菜开展拓印、装饰活动。但需注意的是，在开展主题活动时，要考虑各个活动之间的内在联系和价值关联，切勿将主题活动做成“拼盘式”活动。

3. 重视健康领域与其他领域的融合

学前儿童健康教育活动可以结合语言、音乐、美术、科学、社会等领域的活动来进行。例如，将枯燥单调的健康知识编成学前儿童喜欢的儿歌和童谣；通过让学前儿童到田间认识蔬菜来培养他们多吃蔬菜的好习惯等。这种将学前儿童健康教育与语言、音乐和科学等方面的活动相结合的方式同样可以实现健康教育活动的目标。再如，社会、语言教育活动中的参观，音乐活动中的舞蹈、律动等本身就是学前儿童锻炼身体的良好途径。

（二）日常生活中的健康指导与健康实践

学前儿童健康意识以及健康行为的形成是一个漫长、渐进的过程。教师应注意在日常生活中对学前儿童进行相应的健康指导与帮助，并创造条件为他们提供健康实践的机会。这是不断增强学前儿童健康意识，促进其将健康认知转化为健康行为和习惯的重要环节。日常生活中的健康指导与健康实践通常可体现在以下几个方面：

第一，以建立常规的方式来指导学前儿童的行为。例如，教师可以向幼儿提出这样一些要求：饭前便后要洗手；使用自己的毛巾和水杯；上下楼梯时要一个跟着一个走，不推不挤；转椅停下来后才能坐上去，不能推着转椅跑；只有家人来接自己时才能离园，并且离园时要告诉老师，等等。

建立必要的常规，尤其是卫生保健和安全方面的常规，不仅是维护幼儿健康与安全的工作需要，而且日复一日的常规重复可以促使幼儿在不知不觉中形成基本的健康行为和习惯。因此，幼儿园应围绕幼儿的健康与安全问题不断地完善常规。常规不宜太多，要选择关键和重要的方面，要精练，这样才能使幼儿铭记于心，并以此来规范自己的行为。

第二，对学前儿童的健康问题进行随机指导与帮助。如及时提醒幼儿增减衣服，在体育活动中对幼儿进行个别的指导与帮助，在活动结束后进行必要的身体检查等。

第三，适时地为幼儿提供健康实践的机会。在日常生活中教师可根据健康教学和幼儿健康发展的需要，适时地为幼儿提供健康行为练习的实践机会，如在开展了“交通安全我知道”的主题活动后，可以利用上、下幼儿园的机会，让幼儿在从家到幼儿园的路程中进一步强化对交通规则与步行安全的认知和体验。

为幼儿提供一定的健康实践机会不仅能使健康教育与幼儿的实际生活有机地联系起来，而且有助于强化幼儿的健康意识、健康认知和健康行为。

（三）家园合作开展健康教育

在健康教育的实施过程中，家园合作是不可忽视的一环。家园合作主要是指教师和家长对幼儿生活方式、自理能力等方面保持一致性的要求，互相配合，共同完成某些健康教育内容。如果教师和家长不同步，可能会造成幼儿在家、在园的表现不同，对一些规范的认识不能内化等。

幼儿健康的生活方式的养成需要家园双方共同努力，但有些家长习以为常的做法会对幼儿产生不利影响，比如：在作息和自理方面，如果家长在寒暑假期间放任幼儿睡懒觉、帮幼儿穿衣服等，幼儿在开学后会感到不适应；在饮食营养方面，有些家长因为孩子喜欢，就把零食、饮料等作为对孩子表现良好的奖赏等，这会让幼儿养成不好的饮食习惯。教师可以针对这些方面给予家长正确的指导建议。

家长有时候可以为教师提供教育资源，提出改善建议等。比如，种菜的家庭可以让教师带领幼儿前往参观，了解蔬菜种类以及不同蔬菜的营养价值等。又如，某幼儿园在听取家长建议时，有家长提出，教师应该改掉低头看手机的不良习惯，给幼儿做好榜样。

另外，各类社会团体和力量也需要参与到学前儿童健康教育中，发挥各自的优势和特点，以使学前儿童健康教育取得更好的效果。

思考与练习

一、单选题

1. “喜欢参加体育活动”所体现的健康领域目标是（　　）。

A. 具有健康的体态　　B. 具有基本的生活自理能力

C. 具有良好的生活与卫生习惯　　D. 具备基本的安全知识和自我保护能力

2. “具有一定的力量和耐力”这一目标归属健康子领域的（　　）。

A. 动作发展　　B. 身心状况　　C. 生活能力　　D. 自我保护

3. “能在斜坡、荡桥和有一定间隔的物体上较平稳地行走”是（　　）幼儿的具体目标。

A. 3~4 岁　　B. 4~5 岁　　C. 5~6 岁

4. “能连续自抛自接球”是（　　）幼儿的具体目标。

A. 3~4 岁　　B. 4~5 岁　　C. 5~6 岁

5. “能根据需要画出图形，线条基本平滑”是（　　）幼儿的具体目标。

A. 3~4 岁　　B. 4~5 岁　　C. 5~6 岁

6. “能熟练使用筷子”是（　　）幼儿的具体目标。

A. 3~4 岁　　B. 4~5 岁　　C. 5~6 岁

7. 学前儿童健康教育包括学前儿童安全教育、学前儿童身体保健教育和学前儿童生活习惯与生活能力教育、学前儿童体育、学前儿童心理健康教育和（　　）。

A. 学前儿童卫生教育　　B. 学前儿童饮食与营养教育

C. 学前儿童常规教育　　D. 学前儿童亲社会教育

8. 以下不属于学前儿童健康教育内容的选择原则的是（　　）。

A. 主体原则　　B. 科学原则　　C. 渗透原则　　D. 发展原则

二、判断题

1. 纵向比较不同年龄班在同一关键经验中的教育目标可以发现，高年龄阶段目标是低年龄阶段目标的基础，低年龄阶段目标是高年龄阶段目标的延伸和发展。（　　）

2. 学前儿童健康教育活动目标与内容不是简单的一一对应关系，而是多对多的关系。（　　）

3. 在学前儿童健康教育中，要充分发挥幼儿园教育、家庭教育、社区教育的整体功能，使学前儿童健康教育取得更大的成效。（　　）

4. 选择学前儿童身体保健教育内容时，可以进行领域融合，进行教育内容的“大杂烩”，促进学前儿童身心全面发展。（　　）

三、简答题

1. 简述学前儿童健康教育的总目标。

2. 简述学前儿童健康教育活动目标制定的注意事项。

第三章

学前儿童体育活动设计

【学习目标】

1. 理解学前儿童体育的内容。
2. 掌握学前儿童体育活动设计的原则。
3. 掌握学前儿童体育活动设计的相关知识，具备能够设计并指导开展各项体育活动的能力。

第一节　0~3 岁婴幼儿动作发展

孩子出生的第一个月称为新生儿期，又被称为儿童运动初始期。婴幼儿动作包括大动作和精细动作。大动作是指躯干、肢体的动作，精细动作是指手的动作。

婴幼儿的动作发展遵循“由首及尾”的原则以及“由近及远”的规律，即首先学会抬头，然后相继学会爬、站、走等；遵循由身体的中心向边缘或末端部位发展的规律，即首先学会运用大肌肉来活动，然后学会运用小肌肉来活动。以上肢动作的发展为例，肩部和上臂动作先发展，然后是肘部、腕部和手的动作，手指的动作发展最晚。

一、0~3 岁婴幼儿动作发展的基本特征

0~3 岁这个阶段是一个人发展的重要阶段。这一阶段的发展为人一生的发展奠定了基础。0~3 岁婴幼儿动作发展的基本特征如表 3-1 所示。

表 3-1　0~3 岁婴幼儿动作发展的基本特征

身体部位	特征
头部	头部动作包括眼肌控制、微笑和抬头。眼肌控制发生于出生初期。婴儿第 1 个月便能在俯卧时抬头，到 5 个月才能在仰卧时抬头；当成坐抱的姿势时，4~6 个月间头部会直立
躯干部	婴幼儿躯干部动作主要有翻身、坐、大小便控制等 婴幼儿出生后 2 个月能左右转动身体，由侧卧转为仰卧，满 4 个月时能由仰卧转为侧卧，到 6 个月时可完全翻转 婴幼儿需到神经系统分化到相当程度时才能实现大小便控制，通常到 15~16 个月后才能控制小便，而真正能控制大便是在 2 岁左右
臂和手	6~7 个月时，婴幼儿能伸臂拿取东西；到 1 岁时，没有臂的胡乱动作而能拾起小的东西。最初手和手臂的动作都是不随意的，只有到 6~7 个月手眼动作协调的联系建立后，才能成为有目的的、随意的动作
腿部	约在出生 2 周末，婴幼儿用踢的方式使自己身体转动，以后双脚可以不和身体一起运动 在学会翻身和坐起后，婴幼儿开始学习爬行。10 个月左右可以站立，1 周岁左右学会走

二、0~3 岁婴幼儿精细动作发展特征及指导策略

蒙台梭利经研究发现，人类运动能力发展的关键期是 0~3 岁。运动能力，尤其是精细运动能力，是人类最初的智能形式，而精细运动能力的最佳开发和培养时机要从 0 岁开始。0~3 岁婴幼儿精细动作发展特征及指导策略如表 3-2 所示。

表 3-2　0~3 岁婴幼儿精细动作发展特征及指导策略

年龄段	动作特点	指导策略
0~1 个月	小手通常呈握拳状，会反射性抓住手中的物体。新生宝宝的许多动作都是出自本能的反射行为	可准备一个布制的婴儿摇铃让宝宝抓握。摇铃最好是黑白色或是其他对比较强烈的颜色的，这样更能吸引宝宝的注意力。通过摇铃训练宝宝小手的抓握能力，从而增强其手指的触觉，扩展手的活动范围
2~3 个月	小手半开，宝宝会吮吸手指和玩自己的小手。随着宝宝逐渐长大，小手掌大部分时间都是半开着，而不再像以前那样呈握拳状，小手也慢慢从被动抓握发展到有意识地主动抓握	进一步锻炼宝宝手部的抓握能力，轻轻抚摸宝宝的手背，刺激宝宝手部的反射动作。给宝宝准备一些方便抓握的玩具，让他练习抓、握、摇、捏等动作，继续训练小手的握持能力，并且引导宝宝观察和把玩自己的小手
4~6 个月	会主动抓物体，会撕纸。随着宝宝双眼视力的进步，由视觉引导的触碰技能逐步发展起来，这使宝宝在抓握时比前一阶段更具方向感，能在眼睛的指引下主动张开小手来抓住物体	在宝宝伸手可及的范围内，悬挂一些容易抓握、带有声响的玩具，逗引宝宝向左右侧转或向前抓握玩具，以锻炼手眼协调能力和准确抓握的能力；引导宝宝将玩具从一只手转移到另一只手。也可以准备一些面巾纸让宝宝撕，以培养手指的灵活性
7~9 个月	小手会拿玩具互相敲击，能从“一把抓”发展到“用手指捏住”物体，能用拇指和食指的指腹捡取东西，拿到后，会换手取另一样东西	准备一些面包片、香蕉丁等大小、软硬都适中的食物，让宝宝自己用手抓着吃，以锻炼其手眼协调能力。和宝宝玩积木游戏：在他两手各拿一块积木后，再放一块积木在他面前，引导他学习如何把抓住的东西放开。鼓励宝宝双手拿两个玩具对敲，培养手的灵活性
10~12 个月	手指活动更加灵活，能举起奶瓶自己喝奶，能笨拙地使用勺子，能打开抽屉等。掌握一些新的动作，如将一个物体放置在另一个物体上，从轴杆上取下圆环，再套上等	使用带手柄的奶瓶，让宝宝自己拿着奶瓶喝奶；给宝宝使用可以弯折的勺子或叉子，进餐时鼓励宝宝拿着餐具自己吃；引导宝宝打开抽屉找东西。还可以提供一些材质安全的积木，让宝宝练习“搭高高”的技能。可以准备一些纸板书，鼓励宝宝看书时自己翻阅
13~18 个月	会涂鸦，会搭积木。这个阶段的宝宝最爱涂鸦，会握着笔在画板上不停地画道道。此外，不在大人的帮助下，宝宝能用积木搭一些矮矮的塔	引导手部精细动作与认知能力同步发展。培养宝宝用笔涂画的兴趣，比如：画一棵小树，引导宝宝画竖线；画一条马路，引导宝宝画横线。给宝宝准备一个有不同形状小孔的镶嵌盒，引导宝宝将形状相对应的零件塞进镶嵌盒里，让宝宝在活动小手的同时认识不同的形状
19~24 个月	小手更灵活了，开始喜欢玩橡皮泥，甚至可以将橡皮泥随意揉、捏、挤、压；手眼协调能力更强了，能熟练地玩串珠游戏	通过手部动作培养创造力和专注力。准备一款安全环保的橡皮泥玩具，让宝宝尽情发挥，让他随意揉捏，不限制他的想象力，使宝宝能够充分发挥创造力；还可以多让宝宝玩串珠游戏，培养他对事物的专注力
25~30 个月	能搭一些具有空间感的物体，比如小桥、房子等；还能模仿着画圈圈、画十字	可给宝宝一双小巧的玩具筷子，教宝宝如何用筷子夹起盘中的枣子、花生、糖果等，以锻炼宝宝手指的操纵能力和控制力
31~36 个月	能将纸折叠成正方形、三角形等；还会在极薄的拷贝纸上描画；会给未完成的图画如小房子添一个“窗户”，或自己“创作”一只气球等	进一步发展宝宝手脑协调的能力。可准备一些花花绿绿的纸，和宝宝一起玩折纸的游戏。另外还可以引导宝宝进行简单的描画和填色，进一步发展宝宝手脑协调的能力

第二节　学前儿童体育活动的含义与价值

一、学前儿童体育活动的含义

体育有广义和狭义之分。广义的体育包含营养、卫生、生活习惯与制度、安全教育、身体锻炼等。狭义的体育可以视作健康教育的重要组成部分。学前儿童体育活动是指遵循幼儿生长发育规律和心理发展特点，以身体运动为基本手段，以增强幼儿体质、发展幼儿身心素质、增强幼儿健康意识和提高幼儿健康水平为目的的一系列锻炼身体的活动。

二、学前儿童体育活动的价值

体育活动是学前儿童十分喜爱的活动，对于其身体、心理的发展具有重要意义。科学合理的体育活动能够促进学前儿童身体动作的发展、生理机能的正常发育、社会性的发展以及良好情绪和意志品质的形成。

（一）体育活动促进学前儿童身体机能发育和动作发展

学前儿童正处于身体和心理发育与发展的重要时期，组织、器官、系统发育尚不成熟，物质基础比较薄弱，而生长发育十分迅速和旺盛。开展科学合理的体育活动，让学前儿童坚持锻炼，能逐渐提高其身体机能水平和适应能力，促进其机体的生长和发育。

学前儿童正处于发展基本运动能力的重要阶段。他们把周围世界看成运动的世界，很多时间和精力都花费在动作的学习、练习上。他们不断走、跑、钻、爬；他们上下楼梯、跳过小沟；他们爬上小山，滑下滑梯。通过持续不断的活动，他们获得了基本运动能力。科学合理的体育活动能为学前儿童提供多种练习动作的机会，让他们在一定的基础上反复尝试、熟练掌握满足其基本生存活动需求的动作，持续积累和增长各种运动经验，发展平衡、耐力和力量等身体素质，为今后进入社会奠定基础。

（二）体育活动促进学前儿童认知发展

动作是个体的基本能力。作为个体与环境互动的重要手段，动作不仅是个体适应环境的工具，也是个体认识环境的手段。学前儿童把周围世界看成运动的世界，他们通过动作，通过自己的身体和感官去适应周围的世界、发现自己和世界。

大量的理论和实践研究证明：儿童早期的动作发展和认知发展密切相关。皮亚杰指出：儿童最初的精神发育是建立在运动和感受的基础上的，他们早期通过感受、亲身实践的行为和动作形成对外界的认知和了解。智力的发育总是伴随着儿童对周围世界的接触和探索进行。英国著名学者克罗威尔曾说过“动作是智力大厦的砖瓦”。这句话揭示了身体运动对智力发展的重要价值。如在练习“拍球”这一动作时，学前儿童首先要感知球的大小和弹力，以此来判断球弹起的高度，从而调整自己的手臂动作和脚步动作；当球落下或弹起的方向不在预料之内时，学前儿童要迅速调整身体位置和动作。所以，在掌握拍球等动作的过程中，学前儿童的分析能力、注意力、判断力和反应力都得到了锻炼。可以说，动作是学前儿童早期的外显智力，动作发展是认知发展的外在表现。

（三）体育活动促进合作和交往能力发展

学前阶段是儿童社会行为发展的关键时期，是儿童社会行为方式确立的基础阶段。现代社会中，大部分儿童都在小家庭氛围中长大，较少有机会与兄弟姐妹练习基本的社会交往行为。而幼儿园体育活动提供了大量的同伴交往机会。在游戏中，学前儿童要学习如何协商、解决冲突，要充当角色、了解规则等。如学前儿童在玩“老鹰捉小鸡”的游戏时，首先要和同伴协商角色如何分配。当角色分配出现分歧时，他们要想办法解决该冲突，继而在游戏中扮演好自己的角色、遵守游戏规则，使游戏愉快而顺畅地进行下去。

（四）体育活动促进愉快情绪和良好意志品质发展

学前儿童生性好动，只要有足够的空间和体育活动的机会，他们就能感悟到运动带来的舒适和自由。积极地参与运动游戏、获得运动成功的经验可增强学前儿童对自己能力的自信心。适宜的运动可以让他们感受到成功的愉悦感。

“在体育活动中，培养幼儿坚强、勇敢、不怕困难的意志品质和主动、乐观、合作的态度”是《纲要》对健康领域提出的内容及要求之一。有一些研究也表明运动能力与个性特征之间的密切关系，如：喜欢运动的学前儿童，性格较为开朗，判断力较强，做事较果断；反应较慢，但意志力很强的学前儿童，往往做事情能坚持到底；等等。体育活动项目很多，教育者可以根据学前儿童实际，选择适宜的运动类型，有目的、有针对性地促进学前儿童良好意志品质的发展。

第三节　学前儿童体育活动的目标

学前儿童体育活动目标就是幼儿园体育工作所要达到的预期目的，它是学前儿童发展的努力方向，也是幼儿园实施体育活动应当完成的任务。学前儿童体育活动的目标可以分为总目标、年龄阶段目标和具体活动目标三个层次。

一、学前儿童体育活动的总目标

依据《指南》和《纲要》关于健康领域目标的内容，为了体现体育活动的特点，本书将学前儿童体育活动的总目标概括如下：

（1）有参加体育活动的兴趣，产生对体育活动的积极性和主动性。

（2）促进愉快的情绪发展，逐渐养成乐观开朗的性格，初步形成坚强、勇敢、不怕困难的意志品质，具有主动、乐观、合作的态度。

（3）了解基本的运动知识和运动技能，发展基本动作，提高动作的协调性和灵活性，增强体质，增强机体对环境的适应能力。

二、学前儿童体育活动的年龄阶段目标

根据学前儿童体育活动的总目标和各年龄阶段学前儿童的身体发育、动作发展特点，参照《指南》和顾荣芳教授等对 3~6 岁幼儿健康领域的关键经验的研究，可确定学前儿童体育活动的年龄阶段目标（表 3-3）。年龄阶段目标是总目标的具体化，可为内容的选择提供依据。

表 3-3　学前儿童体育活动的年龄阶段目标

内容	小班	中班	大班
保持正确的姿势，粗大动作协调灵活	(1) 在提醒下能自然坐直、站直 (2) 能沿地面直线或在较窄的低矮物体上走一段距离 (3) 弯腰时能保持平衡 (4) 能双脚灵活交替上下楼梯 (5) 能身体平稳地双脚连续向前跳 (6) 分散跑时能躲避他人的碰撞 (7) 能双手向上抛球，学习拍球 (8) 能够用身体的某个部位做出某个动作 (9) 能用脚尖踢绒布球等适合脚踢的东西 (10) 四肢能协调爬行 (11) 在教室里走动不会碰到桌椅和其他设备	(1) 在提醒下能保持正确的站、坐和行走姿势 (2) 能在较窄的低矮物体上平稳地走一段距离 (3) 弯腰、舒展身体时能保持平衡 (4) 能一只手拿着东西，同时双脚灵活交替上下楼梯 (5) 能助跑跨跳过一定距离或一定高度的物体 (6) 能躲避他人滚过来的球或扔过来的沙包 (7) 能连续自抛自接球，连续单手拍球 (8) 能选择身体的某个部位做出某个动作 (9) 能准确地用脚尖踢绒布球或其他适合脚踢的东西 (10) 能以匍匐、膝盖悬空等多种方式钻爬 (11) 能用小水桶拎半桶水并送到目的地，不洒水	(1) 经常保持正确的站、坐和行走姿势 (2) 能在斜坡、荡桥和有一定间隔的物体上较平稳地行走 (3) 弯腰、旋转或舒展身体时能保持平衡 (4) 能两只手拿着东西，同时双脚灵活交替上下楼梯 (5) 能连续跳绳 (6) 能在跑的时候很快停止、转弯而不撞到别人 (7) 能连续拍球并行进 (8) 能指挥同伴做某个动作，能选择身体的某个部位做出某个动作 (9) 能迅速准确地用脚尖踢绒布球或其他适合脚踢的东西 (10) 能以手脚并用的方式安全地爬攀登架、网等 (11) 能用小水桶拎大半桶水并送到目的地，不洒水
具有一定的力量和耐力	(1) 能双手抓杠悬空吊起 10 秒左右 (2) 能单手将沙包向前投掷 2 米左右 (3) 能单脚连续向前跳 2 米左右 (4) 能快跑 15 米左右 (5) 能行走 1 千米左右（途中可适当停歇）	(1) 能双手抓杠悬空吊起 15 秒左右 (2) 能单手将沙包向前投掷 4 米左右 (3) 能单脚连续向前跳 5 米左右 (4) 能快跑 20 米左右 (5) 能连续行走 1.5 千米左右（途中可适当停歇）	(1) 能双手抓杠悬空吊起 20 秒左右 (2) 能单手将沙包向前投掷 5 米左右 (3) 能单脚连续向前跳 8 米左右 (4) 能快跑 25 米左右 (5) 能连续行走 1.5 千米以上（途中可适当停歇）
空间知觉及身体控制良好	(1) 喜欢玩“木头人”游戏 (2) 能以两种不同的身体部位做出同样的动作，比如身体转动、头部转动、手转动、脚转动、眼睛转动等 (3) 通过四肢运动，能在运动中感知环境比如空气的变化，注意到身体的感觉	(1) 喜欢玩、会玩“木头人”游戏 (2) 能以两种以上不同的身体部位做出同样的动作 (3) 通过头部运动、四肢运动，能在运动中感知环境比如空气的变化，注意到身体的感觉	(1) 喜欢玩、会玩，并能与同伴玩“木头人”游戏 (2) 能以三种以上不同的身体部位做出同样的动作 (3) 通过头部运动、屈体、转体、四肢运动，能在运动中感知环境比如空气的变化，注意到身体的感觉

三、学前儿童具体体育活动目标

总目标和年龄阶段目标都必须转化为一个个具体活动目标，才能落实到学前儿童的发展中，真正得到实现。学前儿童体育活动的目标作为体育活动的出发点和归宿，对活动内容的选择、环境的布置、材料的利用、教学方法的使用和体育活动的过程都会产生影响，也会对体育活动的评价产生影响。因此，在制定具体的体育活动目标时，教师必须按照学前儿童的发展水平和实际条件，充分考虑体育活动的内容和形式，制定有针对性的目标。

制定学前儿童具体体育活动目标有以下几点具体要求：

（1）一个具体体育活动的展示及其目标的实现是达成年龄阶段目标的必然环节，因此，制定具体活动目标时应紧扣年龄阶段目标。

（2）学前儿童是学习的主体，目标是以学前儿童为主体去达成的，因此目标表述的主体也应是学前儿童，且行为主体要一致。常用“掌握……的基本方法”“学会……的动作要领”“体验……的快乐”等表达方式。

（3）活动目标的内容应从发展学前儿童的认知、情感及动作和技能等方面全面考虑，体现活动功能的综合性。在表述时，尽量分别阐述每一方面，但也应考虑突出重点，不必面面俱到。

（4）表述要具体、明确、操作性强，一般采用定量指标，如“至少完成 5 种玩球方法”“完成的动作 85%以上正确”“大多数幼儿在游戏中可以和同伴步伐一致，合作跑中动作协调”等。

案例 1

小班体育活动——小乌龟运粮

【活动目标】

1. 学习眼睛看前方、手膝着地向前爬行，发展协调能力。
2. 在充满乐趣和挑战的游戏情境中，感知手膝协调配合、用力向前爬行的基本方法。
3. 愿意较长时间地模仿小乌龟爬行，体验爬行活动的快乐。

案例 2

中班体育活动——跳房子

【活动目标】

1. 初步掌握单脚跳的动作要领，增强腿部力量。
2. 通过观察、体验，感知随身体用力摆动腿有助于连续向前跳。
3. 愿意与同伴协商，萌发初步的团队意识。

第四节 学前儿童体育活动的内容与组织方法

一、学前儿童体育活动的内容

学前儿童体育活动的基本内容包括基本动作、体育游戏、幼儿体操、运动器械练习四个方面。它们符合学前儿童动作练习的特点，是实现学前儿童体育活动目标的基本手段。学前儿童体育活动内容还有大、中、小型体育器械练习，专门性的身体素质练习等。有些国家还将律动、舞蹈和表现性、创造性的身体活动纳入学前儿童体育活动的内容体系。

（一）基本动作

基本动作又可称为一般身体动作。这些动作是人们日常生活中身体活动的基本形式，也是体育运动项目中身体活动的基本形式。在我国，幼儿园健康领域要求学前儿童掌握的基本动作一般包含走、跑、跳、投掷、钻、爬、攀登等，有时也包含旋转和翻滚。（表 3-4）

表 3-4　各年龄段学前儿童体育活动内容建议①

项目	年龄班					
	小班上学期	小班下学期	中班上学期	中班下学期	大班上学期	大班下学期
走	向指定方向走，走直线，一个一个跟着走，听信号走，走斜坡	走大圆，绕障碍走，在木板条上走平衡，远足 1 千米	简单队列走，在较高平衡物上走，持轻物走，走跑交替，蹲着走 5～10 米	倒走，向不同方向走，远足 1.5 千米，各种形式走，各种合作走	闭眼平衡走 5～8 米，分、合队走 10～15 米，迅速变队走，各种螺旋队列走	1～1.5 千克负重走，远足 1.5 千米以上
跑	自然跑，听信号自由跑	向指定方向跑，跑斜坡，连续跑 20 秒，连续跑 10 米	列队跑，一个跟着一个跑	快速跑接力赛，连续跑 30 秒，快速跑 20 米	合作类型跑，多种形式跑，绕障碍跑，四散追逐跑，折返跑 4～5 米	倒跑，向不同方向跑，连续跑 60 米，快速跑 30 米
跳	原地纵跳 10 厘米，连续自由跳 1～2 米	并足跳，从 15～30 厘米高处跳下，听信号向上跳	连续并足跳 2 米，立定跳远 30 厘米，纵跳 15 厘米	连续单脚跳 5 米，连续并足跳 3～4 米，从 20～30 厘米高处跳下，深蹲跳 5 米	立定跳远 40 厘米，助跑跨跳 1 米宽，纵跳 20 厘米，连续跳绳 30 秒，连续跳绳 5 个	倒跳，提肘跳，连续并足跳 5～6 米，连续单脚跳 3～4 米，助跑跨跳 35～40 厘米
投掷	滚轻物，双手推轻物，投 50 克轻物 3 米	向上抛轻物，双人互相滚推轻物，多种形式搬运轻物	投 100 克轻物 2～4 米，指定方向抛轻物	左右手互抛轻物，滚较重物	2 米距离投准，投 150 克轻物 4～5 米	互抛 150 克轻物，推动一定重量物，投 150 克沙袋 5 米以上
钻爬	在软垫上滚，手膝爬 5 米，钻过 60 厘米高洞	沿指定方向手膝着地快速爬	在软垫上走、跑、跳，手脚着地屈膝爬 5 米	各种形式爬 10～15 米，侧身钻窄洞，各种柔韧性练习	攀爬 2 米高网	前滚翻，匍匐爬 8 米，在各种垫上合作运动
平衡	立正中保持平衡，慢走慢跑中保持平衡，在 25 厘米宽平衡板上慢走	闭眼直线走 2 米	平转 3 圈，在 20 厘米高平衡板上走，各种形式平地走平衡	跨 20 厘米宽间隔，单脚平衡 5 秒钟，走 3 米长独木桥	单脚平衡 15 秒，跳转 180 度平衡，走平衡时做各种动作	跳转 270 度平衡，单脚平衡 20 秒，闭眼直线走 5 米

① 南京市教学研究室幼儿园体育教研组研究成果。

续表

项目	年龄班					
	小班上学期	小班下学期	中班上学期	中班下学期	大班上学期	大班下学期
球类	各种球的玩法	各种球的玩法	原地拍球，定点踢球，停球，简单足球辅助练习	左右手交替拍球，原地有节奏拍球，大力射门	定点投篮，自抛自接球，盘带足球，行进间停球	互抢球，互传球，互踢传球
体操	拍手操	模仿操	韵律操、徒手操	徒手操、韵律操	徒手操、韵律操	徒手操、韵律操

（二）体育游戏

体育游戏也称运动游戏或活动性游戏，是学前儿童体育活动中最重要的内容。它是以基本动作为主要内容，以游戏活动为形式，以增强学前儿童体质为主要目的的活动。游戏一般具有一定的情节、游戏角色、规则，具有娱乐性、竞赛性，能够发挥学前儿童的自主性和创造性，是最受学前儿童喜爱的活动形式之一。

体育游戏一般由一种或两种以上的基本动作练习组成。幼儿通过反复的游戏可以更加熟练地掌握这些动作，促进身体素质和动作能力的提高。通过体育游戏，学前儿童能够获得积极、愉快的情感体验，发展注意力、判断力、敏捷性等认知能力，培养规则意识和适应能力，并养成不怕困难、团结合作等良好品质。

1. 各年龄班体育游戏的特点（表 3-5）

表 3-5　各年龄班体育游戏的特点

特点	年龄班		
	小班	中班	大班
游戏内容	内容、动作比较简单	内容相对复杂	内容更丰富，动作增多，难度加大
	活动量小	活动量稍大	活动量增大
	情节简单、具体	有情节和追逐性	游戏情节更加复杂，游戏具有一定的竞赛性，需要体力与智力相结合
	角色简单，通常是幼儿熟悉的角色（主要角色一般由教师来担任）	角色有所增多，通常由幼儿自己担任	角色的关系更加复杂
规则和要求	规则简单，限制性小	规则较严格、复杂	规则较复杂
活动方式	一般是全班幼儿做同一个动作或完成一两项任务	出现两人或小组的合作性游戏	合作性游戏增多
结果	幼儿对结果不太在意，结果最好是皆大欢喜	幼儿对结果开始在意，喜欢自己获胜	幼儿对结果较在意，喜欢有胜负的结果
举例	“老猫睡觉醒不了”“小孩小孩真爱玩”	“老鼠笼”“切西瓜”	“人、枪、虎”“两人三足”

在设计和选择体育游戏时，教师应充分考虑学前儿童的年龄特点和实际水平，在组织过程中应根据表 3-5 所呈现的特点，采取不同的组织形式和指导策略，促进体育游戏效果的最优化。

2. 学前儿童体育游戏的组织与指导

学前儿童体育游戏的组织流程如图 3-1 所示。

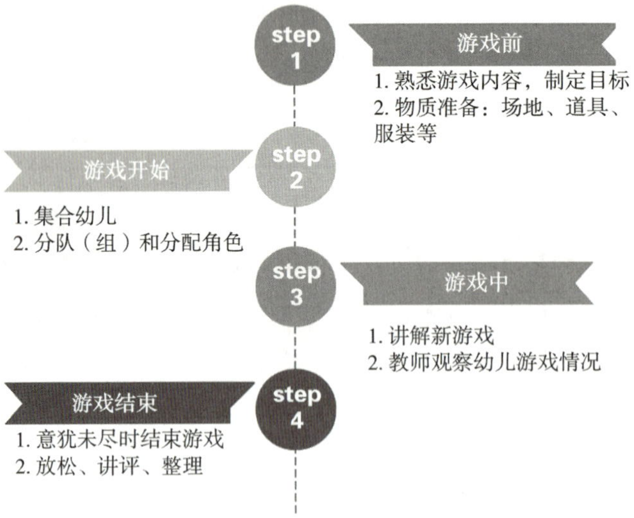

图 3-1　学前儿童体育游戏的组织流程

（1）游戏前的准备。

教师要全面研究游戏，深入了解游戏的目标、内容、活动方式、规则等。对学前儿童情况的分析，除了解其健康状况，分析其动作、体力和品德表现外，还要注意其智力情况和心理动态，以便在游戏过程中进行全面教育。计划的内容应包括目标、内容、教学重点、教学难点、组织教法和教学步骤。计划可详可略，要根据教师和其他具体情况而定。

① 物质准备。

游戏场地要平整清洁，所画界线要清晰鲜明，可用白宽布带、塑料布条、皮筋等作为起点线、终点线，设置投掷区等。游戏用的玩具、教具和头饰（袖标或胸饰）等要清洁、色彩鲜艳、数量充足，易损坏的玩教具要有备用的。安放的器械要牢固，并要考虑安放的位置。

教师可以安排年龄稍大的幼儿参加物质准备工作，如做标志、布置场地、安放轻的器械。物质准备不仅是游戏顺利进行的保证，而且具有品德教育和美育意义。

② 其他准备工作。

有的游戏的主要角色和做示范的幼儿要事先培养，有的儿歌需要先教，有的游戏情节也应先给幼儿讲述。教师还要督促、检查和帮助幼儿整理服装、鞋子（脱去多余衣裤、手套、围巾等）。

（2）游戏开始。

① 集合幼儿。

在短时间内，用简便的方法集中幼儿的注意力，把他们组织起来是保证游戏顺利进行的前提。对年龄小的幼儿，可通过出示玩具头饰等吸引他们参加，对稍大一些的幼儿可用语言或口令把他们组织起来。在室外分散活动时，可利用信号（拍手、摇铃鼓等）集合幼儿。另外，采用过渡性游戏来组织幼儿，集中其注意力，是一种行之有效的好方法。如果幼儿对游戏队形不熟悉，教师可以先在地下画好线，以便幼儿排队。

② 分队（组）和分配角色。

合理地分队（组）和分配角色，能充分发挥幼儿的积极性和主动性。做竞赛性游戏分队时，要使各队力量均衡。分队（组）的方法有教师分配法、点将法、报数法、自由结合法等。

分配角色的原则：幼儿能胜任；有利于游戏的顺利进行；对幼儿有教育作用。

分配角色的方法有指定法、推选法、斗智法和随机决定法等。指定法有的是直接指定，有的是暗中指定，有的是事先指定，有的是在活动中临时指定；还可采用念儿歌的方法，如边轻拍幼儿边说儿歌，“叮叮当，叮叮当，有个××请你当”，说最后一个字时拍到谁谁就当主要角色，教师也可以有意识地指定幼儿；还有由前一次游戏的优胜者或主要角色指定的方法。推选法由参加的人推选决定，如“老鹰捉小鸡”中“母鸡”和“鹰”可由幼儿自己推选。斗智法就是让幼儿开动脑筋获得优胜，从而获得相应的角色，如“人、枪、虎”游戏，就是要求幼儿动脑筋，想办法战胜对手，才能当追者。随机决定法如报数法、击鼓传物法、儿歌传物法、儿歌法、“手心手背”法等。

教师应有计划地让全班幼儿轮流在游戏中当主要角色。教师适当地参与游戏活动，担当角色，能提高幼儿活动的积极性。

（3）游戏进行中。

① 讲解新游戏。

教师一般要把游戏的名称、角色、玩法、规则与要求、结果向幼儿讲明，特别是要把玩法、规则与要求讲清楚，否则会影响游戏的顺利进行。讲解要运用生动、形象、简明扼要、幼儿化的语言，声音要洪亮。讲解可结合示范进行（教师自己示范或请幼儿示范）。小、中班幼儿需要示范。对于大班幼儿，教师可根据情况，讲解完就让幼儿做游戏。

② 幼儿游戏，教师观察指导。

幼儿游戏时，教师要采取整体与个别相结合的方法观察幼儿，并运用鼓励、引导、参与、帮助、纠正、保护等具体手段指导幼儿，使幼儿主动、积极地开展游戏。

③ 小结讲评。

教师可运用交流、演示、讲评（包括提出新的玩法和要求）等方法，对游戏进行阶段性小结讲评，鼓励幼儿继续游戏。

（4）游戏结束。

提前或延迟结束游戏，效果都不好。幼儿感到满足并还有余兴时是游戏结束的最好时机。结束活动主要有三项内容。第一，整理活动。激烈的游戏结束后要做整理活动，使幼儿身体和情绪逐渐恢复平静。第二，讲评。一是对幼儿在游戏活动中的表现的评议，应以表扬优点为主。表扬要具体、准确。对个别表现较差的幼儿，教师不要当众训斥和恐吓，要在游戏后做细致的教育工作。二是教师对游戏效果和指导工作的自我评议，要从游戏的任务完成情况来讲评教育效果，不能单纯看锻炼效果和情绪负荷。第三，组织部分幼儿帮助教师收拾、整理场地与器材。

（三）幼儿体操

幼儿体操包括幼儿基本体操和队列队形练习两个部分。

1. 基本体操

基本体操是有组织、有结构的成套身体动作练习的总称。它是根据幼儿生理和心理特点，在音乐的伴奏下，通过头部、颈部、四肢、躯干等部位的协调配合，根据各部位运动的特点，按照一定的程序，有目的、有节奏地进行举、摆、绕、踢、屈伸、跳跃等单一或组合动作的身体练习。

基本体操主要包括模仿操、徒手操和轻器械操。

模仿操以模仿、再现动物动作和生活中场景为内容，一般配有朗朗上口的儿歌，一句儿歌一个动作，节拍稳定、动作夸张且适当重复，因此具有生动有趣、易激发幼儿兴趣、便于幼儿掌握的特点。如在幼儿园使用广泛的“你笑起来真好看”“大公鸡喔喔叫”“小动物真可爱”“太阳眯眯笑”等模仿操就受到幼儿园教师和幼儿的喜爱。

徒手操每套操有五至七节，每节两个八拍，具有动作简单明了、节奏明快、易于幼儿学习和掌握等特点。配有韵律感强的音乐和动作的韵律操也是徒手操的一种。

轻器械操是幼儿手持轻便的器械，如圈、哑铃、小红旗、花、棍、纱巾、球、椅子等，按照一定的动作编排进行的身体练习。轻器械操以创编为主，器械色彩、声响及动作变化多，易激发幼儿兴趣。

小班幼儿基本体操以模仿操为主。中班、大班幼儿基本体操以徒手操、器械操为主。

2. 队列队形练习

组织幼儿进行体操练习之前，一般先进行队列队形练习。队列队形练习可以很好地起到热身的作用，并能培养幼儿听口令、信号做动作，与同伴协调一致活动的能力。队列队形练习也是随着幼儿年龄的增长而逐渐复杂，并加入变化。

小班常采用单向单队列和统向式散点队列队形，要求幼儿能听懂立正、稍息、看齐、立定等基本口令，并做相应动作。

中班可选单向多队列、双向多队列以及分向式散点队列队形，要求幼儿较熟练地听立正、稍息、看齐、立定、原地踏步、齐步走、跑步走等口令做出相应动作。

随着空间能力的发展、社会性合作能力的增强，大班幼儿逐渐能把握相对复杂的队列队形，能熟练地听多种口令和信号做出相应的动作，能听信号迅速地集合、分散、左右分队走，练习变化的队列队形。

（四）运动器械练习

运动器械是指专门用来进行身体锻炼的大、中、小型体育器械。根据大小，可以分为大型固定性运动器械、中小型可移动运动器械以及手持的各种小型运动器械（表 3-6）。根据运动特点，可以分为滑行类、旋转类、颠簸类、攀登类、钻爬类等。运用运动器械可以练习、巩固基本动作，提高身体素质，而且有利于激发幼儿的运动兴趣，调动幼儿参加体育活动的积极性。

表 3-6　幼儿运动器械的分类

分类	举例	练习作用
大型固定性运动器械	攀爬架、滑梯、转椅、秋千、攀网、肋木、摇马、跷跷板、蹦蹦床、充气床垫、海洋球池等	可以锻炼幼儿的攀登、钻、爬、滚、翻、跳、平衡等能力

续表

分类	举例	练习作用
中小型可移动运动器械	平衡木（板或长凳子）、拱形门、投掷架、小梯子、小三轮车、垫子、脚踏车、小手推车、滑板车等	可以发展幼儿走、跑、跳、投、平衡等动作技能，促进动作协调，提高身体素质等
手持的小型运动器械	球类（皮球、塑料球、气球、乒乓球、儿童羽毛球、板羽球、木球等）、棍棒、橡皮筋、跳绳、塑料圈、小哑铃、小凳子、小椅子、小沙包、毽子、小高跷、铁环、各种小飞镖等	不仅能发展幼儿走、跑、跳、投等动作技能和手臂肌肉力量，而且能发展动作的灵敏性、协调性、准确性等

二、学前儿童体育活动常用组织方法

结合学前儿童体育活动的内容，其常用的组织方法有如下几种。

（一）示范讲解法

示范是指教师以自身或幼儿完成的动作作为范例，让全体幼儿了解动作的要领，从而学习与练习的一种方法。教师示范（以镜面示范和背面示范居多）时动作要规范、干脆利落，并能正确站位，让每个幼儿都能清楚地看到动作要领。在活动过程中，教师有时也可以采用同伴示范的方法，通过幼儿同伴的示范作用，帮助其他幼儿更好地掌握动作要领。幼儿对同伴的动作经验更感兴趣，接受性更强。但同伴示范时，教师需要重点关注示范幼儿动作是否到位，并引导其他幼儿共同观察和分析。

讲解是指教师用语言向幼儿说明动作名称、作用、方法、要领、要求等，以指导幼儿进行学习和练习的方法。讲解要抓住重点，简洁明了。示范与讲解是最常用的方法之一，二者经常配合使用。教师边示范边讲解，给予幼儿更直观的印象，利于幼儿模仿和学习。

（二）练习法

练习法是根据教学任务，有目的地反复做某种动作的方法。它是掌握技能、发展基本活动能力和锻炼身体的基本方法。练习法包括完整法和分解法。完整法是把某一动作从开始到结束，不分部分和段落地进行练习的方法，一般在动作比较简单或动作分成几个部分就会破坏动作结构时采用。分解法是把动作按结构分成几个环节或按身体活动的部位分成几个部分，依次进行练习，最后完整地掌握动作的方法。

（三）游戏法

游戏法是通过体育游戏的形式让幼儿身体得到锻炼的方法。幼儿园的基本活动是游戏，幼儿也最喜欢游戏。处在游戏情境中的幼儿更加轻松、愉快，学习和练习的效率更高。

（四）比赛法

比赛法是指通过适宜的运动竞赛，让幼儿身体得到锻炼的方法。处在竞赛情境中的幼儿，其生理、心理唤醒水平比较高，因此参与运动的积极性更高。比赛往往强调小组、同伴间的团结合作，有利于幼儿增强交往、协调的能力。需要注意的是：比赛要考虑到幼儿动作技能掌握的情况，不可以牺牲规则而简单追求名次；教师应引导幼儿对体育比赛的过程和结果做出正确评价。

（五）语言辅助法

语言辅助法是指将身体动作要领等简化为口诀、顺口溜、儿歌等，帮助幼儿完成任务的方法。来自他人或者幼儿自身的语言指令对幼儿运动控制水平的调节具有影响力。幼儿的动作具有一定程度的不随意性。他们难以长时间控制自己的活动，故适宜的言语指导可以增强幼儿对自身动作行为的控制能力。

（六）角色扮演法

角色扮演法是指让幼儿憧憬和扮演各种角色，从而掌握身体动作，达到锻炼目的的方法。幼儿善于模仿，在寻找角色与动作的契合点时，能够更加积极地学习和练习，运动效果更佳。与角色扮演类似的组织方法还有情境教学法，即教师赋予体育活动一定的故事情境，吸引幼儿主动、积极、快乐地参与其中。

（七）榜样激励法

在体育教学活动中，同伴的示范更容易让幼儿接受。幼儿对于同伴的动作经验更感兴趣。教师可以选择运动能力较强、动作较规范的幼儿做示范。榜样的激励作用能最大限度地激发幼儿运动的积极性，促使幼儿更好地学习基本动作。

第五节　学前儿童体育活动设计与案例

一、学前儿童体育活动的组织形式

（一）体育教学活动

体育教学活动是学前儿童体育活动的基本组织形式。它是有目的、有计划、有组织的教学活动，是以身体练习为主要手段，以体育健康知识、技能、方法为主要内容，以增进幼儿健康为主要目的的一种技能性活动。这一性质决定了体育教学的主要手段是活动性游戏和各种运动方法构成的身体练习。

学前儿童体育教学的目的是增强幼儿体质，没有统一的达标要求。体育教学要考虑和遵循幼儿的认知特点和发展规律，也要遵循人体生理机能活动变化及动作机能形成的规律。

学前儿童体育教学结构是指教学活动环节的安排与各环节中活动内容的顺序及练习、讨论、休息等教与学的合理分配。一般由开始部分、基本部分和结束部分组成。开始部分一般占教学时间的 10%，目的在于迅速集中幼儿的注意力，帮助幼儿从身心两方面做好准备。基本部分一般占教学时间的 80%，目的是通过身体动作的练习提高幼儿的身体素质，发展其动作能力，培养其良好习惯。结束部分一般占教学时间的 10%，目的是放松身体，使幼儿的身体和情绪由高度的紧张、兴奋、激动状态逐渐过渡到相对平静的状态。三个部分是相互联系的，虽有各自的主要任务、内容，但又构成一个统一整体，上一部分是下一部分的准备，下一部分又是上一部分的自然延续和发展。基本的体育教学结构要具有一定的合理性，应层次清晰、框架鲜明，才能对幼儿练习和掌握运动技能有一定的作用，且易于教师组织教学。教学过程不仅要注重对幼儿的情感、态度、价值观的培养，而且要关注对幼儿体育兴趣和终身体育习惯的培养。

（二）晨间锻炼

晨间锻炼是幼儿体育活动的一种基本组织形式，也是幼儿每日体育活动的重要组成部分。早晨的空气相对来说比较凉爽、清新，特别是在较寒冷的空气中进行适当的身体锻炼，可以有效地增强幼儿机体对外界气温及其变化的适应能力，激发幼儿机体主要器官、系统的工作能力，使幼儿能精神饱满、情绪愉快地开始一天的生活。幼儿晨间锻炼包含早操活动和自选小型体育器械活动。

早操活动以幼儿基本体操、韵律操、队列队形练习等为主要内容，可使幼儿动作更加准确、有节奏、协调而优美，有助于幼儿逐渐形成良好的身体姿势，促进身体形态和机能的生长发育。

自选小型体育器械活动指利用不同的小型器械以及一些自制的小型器械开展的灵活多样的锻炼活动。幼儿在自选材料、自选同伴的自主性活动中可锻炼和增强运动机能、心肺系统功能，培养合作协调等能力。

科学合理地组织和开展幼儿自主性晨间体育活动，可以让幼儿保持良好的情绪情感，养成良好的体育锻炼习惯，增强体质。在晨间体育活动中，幼儿可自主选择场地、同伴、材料、方式等。教师要调动幼儿的积极性，为幼儿创设良好的游戏环境。晨间体育活动内容要激发幼儿内在活动动机，环境的创设要符合幼儿的年龄特点，其过程要有利于幼儿主动建构，背景音乐的选择、编排要有助于宽松、愉悦的情景氛围的创设。

（三）户外体育游戏

户外体育游戏是学前儿童体育活动的一种基本组织形式。幼儿在户外进行适当的体育游戏不仅可以锻炼身体，而且能直接接收到阳光和新鲜空气等自然因素的刺激，这些对于幼儿的健康十分重要。户外体育游戏一般是在教学活动后或下午起床后进行的体育活动，主要目的是引导幼儿积极参与集体性的体育游戏，体验参与体育游戏的乐趣；帮助幼儿掌握基本动作，发展体能，同时培养幼儿在运动中的自我保护能力和安全意识，增强集体观念。

户外体育游戏一般可以进行大、中型运动器械活动。活动中教师要根据幼儿年龄特点选择器械活动的范围，并有重点地指导幼儿开展大、中型运动器械活动，尤其要注意活动的安全。

教师也可以通过有一定规则的体育游戏，用幼儿感兴趣的游戏方式发展基本动作，提高幼儿身体的灵敏度与协调性。开展游戏活动之前可以复习一些队列队形练习和动作，作为热身活动。还可以开展小型体育器械的探索活动，通过一物多玩的探索，熟悉运动材料，挖掘材料的多种功能。户外体育游戏可以采用小组或集体的民间体育游戏活动的形式。

二、学前儿童体育活动应遵循的规律

体育活动需要幼儿的身体直接参与。教师在设计学前儿童体育活动时，应分析幼儿在体育活动过程中生理和心理的变化特点及其影响因素，考虑幼儿身体及动作在运动过程中的变化特点，并应遵循两个规律——人体生理机能活动变化的规律和动作技能形成的规律。

（一）人体生理机能活动变化的规律

人体在运动过程中，生理机能能力是不断变化的，而且有一定规律。一般在开始时，能力逐步上升，然后达到并在一定时间内保持较高的水平，最后又逐渐下降。这个过程可分为上升、平稳和下降三个阶段。

1. 上升阶段

在活动的开始教师要迅速集中幼儿的注意力，让幼儿从生理和心理两方面做好准备。在生理方面，让幼儿做好身体准备活动，逐步增强机体的活动能力，使各器官、系统的机能逐步进入工作状态，为运动做准备。在心理方面，调动幼儿参与的积极性及愿望，使其精神振奋、情绪饱满、跃跃欲试。如：让幼儿了解活动的角色及任务，有组织地进入活动；让幼儿进行队列队形练习，做准备操，促进身体的全面运动；为开展活动做好各项准备（包括一般性准备活动和专项准备活动），可采用游戏化、情境化的方式进行。

2. 平稳阶段

这个阶段的体育活动主要是通过身体动作的学习、练习提高身体素质，发展动作能力，培养良好习惯。准备活动后幼儿机体工作能力处于最佳状态，大脑皮层具有适宜的兴奋性。此阶段是幼儿学习和掌握体育基本知识、基本动作技能及锻炼身体的方法，提高身体素质、增强体质、养成良好品质的重要阶段。

教师选择的内容要根据课程目标并结合实际进行。组织活动时要注意：合理安排主要内容和其他练习的顺序；巧妙设计辅助练习、诱导练习的形式和方法；科学安排并灵活调整各项活动内容的练习次数和时间，合理安排活动的密度和运动负荷；选择合适的分组形式等。

由于幼儿神经细胞和肌肉组织都较容易疲劳，故这一阶段所持续的时间比成人的短，而且保持相对较高水平的时间也短。根据这个特点，教师可将运动强度较大的、较激烈的或难度较大的活动内容安排在此阶段中。同时，注意活动内容及方式的多样性与变化，以激发和保持幼儿高昂的情绪。

3. 下降阶段

这个阶段机体出现疲劳，大脑皮层兴奋水平下降，体能下降，幼儿需要通过放松活动使身体和情绪由高度的紧张、兴奋状态逐渐过渡到相对平静的状态。教师可对本次活动进行简要的总结，组织轻松自然的走步、徒手放松练习、简单的舞蹈以及平静的活动性游戏等。这一缓冲阶段很重要，有利于消除幼儿身体的疲劳，并使幼儿的情绪逐渐平稳下来。

（二）动作技能形成的规律

著名生理学家巴甫洛夫认为，运动技能的形成是以高级神经活动的基本规律为基础的。根据巴甫洛夫的这一高级神经活动学说原理，逐渐精确、协调的活动技能属于随意动作。条件反射生理机制是形成随意动作的基础。随意动作只有在动作技能达到自动化程度时方能产生。然而，动作技能绝非一次或几次练习就能达到熟练的程度，只有经过多次反复练习，才能逐渐趋于完善。根据生理、心理学观点，动作技能形成的整个过程是有阶段性的，各个阶段又有着不同的生理、心理特征。因此，在体育活动中教师必须了解运动技能形成的基本规律和幼儿生理、心理特征，采取符合客观实际的教学方法与手段，使活动开展建立在科学的基础上。

动作技能形成的过程本质上是建立运动性条件反射的过程。根据条件反射的泛化、分化和自动化这三个阶段，动作技能的形成过程分为粗略掌握阶段、改进和提高阶段、巩固和运用自如阶段。虽然各个阶段有不同的特点和规律，但它们之间都是相互联系的。在整个活动过程中教师应把它们作为一个整体，采取循序渐进的方法，加强系统性训练，有计划、有目的地进行教学及游戏。对于各个阶段的时间安排，要根据幼儿掌握技术的程度而定。

1. 粗略掌握阶段

这一阶段的特点是大脑皮质的兴奋与抑制呈扩散状态，出现泛化现象，内抑制不够，因此幼儿表现出动作僵硬、不协调，并伴有多余动作。根据这一阶段的特点，主要活动任务是使幼儿建立正确技术动作的表象和概念，消除不必要的动作，纠正错误动作，在不断反复练习中粗略地掌握技术动作。

教师应抓住动作的主要环节和幼儿在练习过程中存在的主要问题进行教学，不要过多强调动作细节，应运用正确的示范动作和简练的讲解语言来促进幼儿掌握技术动作。示范动作要做到重点突出，慢动作和快动作、分解动作和完整动作结合运用。在此基础上，让幼儿进行反复练习，体会技术动作方法、要领，促使幼儿更快掌握正确的动作。

2. 改进和提高阶段

这一阶段的特点是大脑皮质运动中枢兴奋与抑制过程逐渐集中，内抑制逐步巩固，由泛化进入分化。因此，练习过程中的大部分错误动作逐步得到纠正，多余动作逐渐被消除，动作变得准确、协调，幼儿能较连贯地完成整个技术动作。

但这一阶段动作还不够熟练，不能运用自如，遇到新异的刺激，错误动作或多余动作可能会重新出现。故此阶段活动要以完整的、连贯性的动作练习为主，使技术得以进一步巩固和提高。

此阶段的主要任务是使幼儿在粗略掌握技术动作的基础上，进一步消除多余和错误动作，加深对动作各部分间内在联系的理解，体会和掌握动作的细节，促进分化抑制的发展，建立正确的动作动力定型，提高动作技能的协调性，使动作技能日趋准确。

教学中，教师应运用多种教法，帮助幼儿掌握动作的细节部分和技术关键，逐步建立正确的动作概念。由于此阶段幼儿掌握动作程度有明显差别，教师要针对不同情况，找出错误原因及改进办法，让幼儿反复实践和练习，使幼儿能轻松自如、协调正确地完成动作并日渐完善。

3. 巩固和运用自如阶段

此阶段的主要特点是动作概念明确，大脑皮层兴奋和抑制的过程更加集中，动作的动力定型已牢固地建立，动作协调、准确、熟练，在复杂变化的条件下能较为熟练运用。

在教学中，教师要让幼儿继续巩固和提高已掌握的动作，不断变化练习条件和动作组合，使幼儿的动作更加熟练；根据幼儿运动能力发展水平和具体情况，改进其动作细节与发展其身体素质，从而不断提高其动作质量。

上述三个阶段是有机联系的，是逐步过渡、逐步发展的。阶段划分是相对的，各个阶段之间并没有明显的界限。每个阶段持续时间的长短，与幼儿的水平、特点以及教材的内容、教师的教学方法有很大的关系。教学工作应从实际出发，灵活运用并遵循此规律。

三、学前儿童体育活动应注意的问题

（一）坚持“健康第一”

《纲要》明确提出：“幼儿园必须把保护幼儿的生命和促进幼儿的健康放在工作的首位。”幼儿园体育活动是落实“健康第一”指导思想的主要途径。要真正做到“健康第一”，幼儿园必须在体育活动目标的确定、内容的选择、过程的实施及评价等方面都深入思考并认真实践，以真正促进幼儿身体和心理的健康。但学前儿童体育不能也不可能单独承担幼儿园教育中贯彻“健康第一”指导思想的全部任务，所以该指导思想还必须通过幼儿园所有领域的教育去落实。

（二）注重激发与保持学前儿童的活动兴趣

德国教育家第斯多惠说过，教育艺术的本质不在于传授本领，而在于激励、唤醒和鼓舞。兴趣是最好的老师，学习兴趣直接影响幼儿的学习行为及效率。幼儿有了兴趣才会经常参加体育锻炼，才能养成体育锻炼的习惯，从而提高身体素质。《纲要》把“喜欢参加体育活动，动作协调、灵活”作为健康领域的重要目标之一，并提出了一系列的内容与要求及指导要求：“开展丰富多彩的户外游戏和体育活动，培养幼儿参加体育活动的兴趣和习惯，增强体质，提高对环境的适应能力”“用幼儿感兴趣的方式发展基本动作，提高动作的协调性、灵活性”“培养幼儿对体育活动的兴趣是幼儿园体育的重要目标，要根据幼儿的特点组织生动有趣、形式多样的体育活动，吸引幼儿主动参与”等。

（三）关注个体差异和不同需求，重视学前儿童的主体地位

年龄越小，个体差异越明显。体育活动中的幼儿也有着各不相同的身体特点和运动特点。《纲要》指出：“尊重幼儿在发展水平、能力、经验、学习方式等方面的个体差异，因人施教，努力使每一个幼儿都能获得满足和成功。”为此，学前儿童体育活动必须在充分了解幼儿身心发展特点和需求的前提下开展。同时，学前儿童体育活动还应当重视幼儿积极主动、独立自主、富有创造性等自主发展品质的养成，鼓励幼儿的积极探索，激发幼儿参与体育活动的内在动机，让幼儿在体育活动中获得自主感和满足感。

四、学前儿童体育活动设计模板

基于学前儿童体育活动实践经验，本书将学前儿童体育活动分为一物多玩类和动作练习类，同时将体育活动设计模板做案例总结。

模板 1

学前儿童体育活动（一物多玩）设计模板

一、导入：热身活动

教师播放《健康歌》并做示范，幼儿模仿，做热身活动。

二、活动展开

1. 认识材料，探索玩法。

（1）教师展示工具或材料，提问并进行描述，引出游戏主题。

（2）教师引导幼儿谈论玩法和用途，示范或邀请幼儿示范。

2. 幼儿练习，教师指导。

幼儿独自或结伴练习各种玩法，教师观察、指导、点评。

3. 教师组织集体活动或比赛，鼓励幼儿合作或竞争。

三、活动结束

教师总结并带领幼儿做放松运动。

模板 2

学前儿童体育活动（动作练习）设计模板

【活动目标】

1. 活动身体，热身活动：头部运动、伸展运动、上身运动、下肢运动等。

教师：今天我们都是××（角色），一起来活动一下身体吧。

2. 教师说明要练习的动作，请幼儿自由探索，观察幼儿。

3. 教师请个别做得好的幼儿做示范。

教师：谁愿意和大家分享你是怎么做动作的？

教师：大家观察一下，××玩的时候身体有哪些变化？

4. 教师边讲解动作边做示范，并向幼儿说明动作要领。

教师：大家仔细看好，××动作是怎么做的，动作要领是……

5. 幼儿再次自由练习。

6. 创设游戏情境，设计动作组合，再次巩固练习（中、大班可以采取小组竞赛的形式，小班不可以）

教师：现在我们要玩一个有难度的游戏（介绍玩法和规则），大家再来挑战一下。

7. 游戏结束，教师带领幼儿放松身体（可以组织大班幼儿整理器材和场地）。

以上体育活动设计模板适用于大多数体育教学活动，教师设计时可根据幼儿实际情况、活动难度适当调整。

案例 1

大班体育活动——好玩的报纸（集体活动）

【活动目标】

1. 练习和发展跑的能力。

2. 探索报纸不掉下来的方法，积极尝试，不怕困难。

3. 注意奔跑时的安全。

【活动准备】

1. 每人 1 张报纸，1 根纸棒（用报纸卷成）。

2. 预先布置好场地。

【活动过程】

1. 热身运动。

用纸棒做纸棒操。（教师自编动作）

幼儿自由探索报纸的玩法。

请幼儿示范自己的玩法，看看谁的玩法多。

2. 探索活动。

教师把报纸贴在身体前面，手一松，报纸掉在了地上。

幼儿思考：有什么办法不让报纸掉下来？将报纸紧紧地贴在身上？幼儿自由探索、尝试。

教师组织幼儿交流经验：快跑可以不让报纸掉下来。

幼儿尝试练习。

教师重点辅导有困难的幼儿，并提醒幼儿注意安全，不要相互碰撞。

3. 教师介绍各种游戏方式，让幼儿自由选择参加，提醒幼儿尽量每种活动都尝试：

带报纸进行直线跑。

带报纸绕过瓶子进行曲线跑。

带报纸在圆圈上跑。

带报纸跑至前方指定处，再转身跑回原地。

4. 结束活动。

幼儿把报纸铺在地上，玩“占报纸”的游戏（方法同“占圈”游戏）。

幼儿躺在报纸上做各种放松活动。

【活动延伸】

开展户外体育活动时，教师可利用大小不同的报纸或其他材料（牛皮纸、挂历纸、纱巾等），让幼儿在活动中尝试、探索，并交流各自的想法和经验。

案例 2

中班体育活动——救小羊

【活动目标】

1. 学习正面钻过 60 厘米高的障碍物，发展动作的协调性。

2. 通过自由探索、教师示范、情境设置等，掌握正面钻的动作要领。

3. 在“救小羊”的游戏中体验团结友爱、帮助他人的情感。

【活动准备】

1. 橡皮筋若干根，60 厘米左右高的拱门若干，铃铛若干，椅子若干。

2. 歌曲：《孤独的牧羊人》。

【活动过程】

1. 通过准备操，活动身体，激发幼儿兴趣。

幼儿随着歌曲《孤独的牧羊人》，做头部、腰部、腿部、全身、整理等活动的准备操。（教师自编动作）

师：今天牧羊人邀请我们去山上玩。大家一起到山上动起来吧！

2. 引导幼儿探索“正面钻”的动作。

师：牧羊人的羊很多，它们常常迷路。现在牧羊人要请小朋友帮忙上山去救小羊，但是上山时必须钻过山洞，所以让我们先练习钻山洞的本领吧！

引导幼儿自由探索钻“山洞”（橡皮筋）的方法。

师：你们有什么好方法钻过“山洞”呢？大家可以去试一试。

幼儿自由探索钻“山洞”的方法。教师在场地上观察。

请个别幼儿示范钻“山洞”的动作。

师：这位小朋友是怎么钻的？钻的时候身体有了哪些变化？

教师示范“正面钻”的动作，帮助幼儿掌握“正面钻”的动作要领：屈膝，弯腰，缩身，钻过山洞。

幼儿再次练习“正面钻”的动作。教师重点观察幼儿钻的动作。

教师增加情境，巩固幼儿的“正面钻”动作。

师：因为“山洞”比较黑，牧羊人在“山洞”顶上装上了“电灯”（铃铛）。你们在钻的时候怎样才能不碰到“电灯”呢？

幼儿练习钻过装了“电灯”的“山洞”。教师提醒幼儿，钻“山洞”时头和身子不要过早抬起，以免碰到“电灯”。

3. 游戏“救小羊”。

教师介绍游戏规则：幼儿分成两组，一组扮演迷路的“小羊”，另一组进行营救。去营救“小羊”的幼儿必须钻过“山洞”（拱门或橡皮筋），走过“独木桥”（平衡木），翻过“小山”（两把椅子背靠背），找到“小羊”后，同迷路的“小羊”一对一对手拉手走回来。然后两组幼儿互换角色，进行游戏。

幼儿游戏。游戏可进行多次，视幼儿的身体和情绪状况而调整。

4. 放松活动。

幼儿随音乐自由活动。

师：今天小朋友们真勇敢，帮助牧羊人救回了“小羊”。我们一起跳个舞庆祝一下吧！

师幼共同整理活动器械和场地，结束活动。

【活动延伸】

1. 发展钻动作的游戏还有很多，如“网鱼”“火车钻山洞”“老鼠笼”等。教师可根据需要自选活动形式。

2. 教师可在晨间活动中布置不同形状的“山洞”，让幼儿继续玩“钻山洞”的游戏。

5. 模拟授课演示：

中班体育活动——救小羊

思考与练习

一、单选题

1. “具有一定的力量和耐力”这一目标归属健康子领域的（　　）。

A. 动作发展　　B. 身心状况　　C. 生活能力　　D. 自我保护

2. “能以匍匐、膝盖悬空等多种方式钻爬”是（　　）幼儿的具体目标。

A. 3~4 岁　　B. 4~5 岁　　C. 5~6 岁

3. “能助跑跨跳过一定距离，或助跑跨跳过一定高度的物体”是（　　）幼儿的具体目标。

A. 3~4 岁　　B. 4~5 岁　　C. 5~6 岁

4. “能连续行走 1.5 公里以上（途中可适当停歇）”是（　　）幼儿的具体目标。

A. 3~4 岁　　B. 4~5 岁　　C. 5~6 岁

5. “认识常见的安全标志，能遵守安全规则”是（　　）幼儿的具体目标。

A. 3~4 岁　　B. 4~5 岁　　C. 5~6 岁

6. 在球类活动中，（　　）应以滚接球、抛接球、原地变化拍球和直线运球为主。

A. 托班幼儿　　B. 小班幼儿　　C. 中班幼儿　　D. 大班幼儿

二、判断题

1. 幼儿每一个动作的习得都会经历动作粗略掌握、动作的改善和提高、动作的巩固与运用自如三个阶段。（　　）

2. 参加体育活动时，人体的机能会从相对较低的水平逐渐提高到较高水平，然后在一定时间内保持高水平，最后又逐渐降低水平。（　　）

三、简答题

1. 简述学前儿童体育活动的价值。

2. 简述学前儿童体育活动应注意的问题。

四、活动设计题

1. 请根据下列材料设计一个大班的体育活动方案，要求写出活动名称、活动目标、活动重难点、活动准备，活动过程。

大班教室里收集了纸板箱、鞋盒、牙膏盒、药品盒等数量众多的盒子。这些大大小小的盒子吸引了幼儿。教师发现很多幼儿利用盒子自发生成了很多活动，于是，决定围绕纸箱、纸盒设计系列活动，满足、推动幼儿的发展。

2. 请根据下列材料设计一个大班的体育活动方案，要求写出活动名称、活动目标、活动准备、活动过程。

在大一班自由活动时间，有幼儿用泡沫拼板（30 cm×30 cm）当滑板玩，其他许多孩子也想玩，但有的幼儿滑不起来，有的只能滑一点点。请根据幼儿利用泡沫拼板滑行的兴趣，为大班幼儿设计一个体育活动。

3. 请根据中班幼儿的身心发展特点，设计一个“猫捉老鼠”的体育游戏活动方案，要求写出活动名称、活动目标、活动准备、活动过程。

第四章

学前儿童生活习惯与生活能力教育活动设计

【学习目标】

1. 熟悉学前儿童生活习惯与生活能力教育的目标、内容。

2. 能够初步设计与实施学前儿童生活习惯与生活能力教育活动。

第一节　学前儿童生活习惯与生活能力教育的目标

学前儿童生活习惯与生活能力教育是指为预防疾病、促进生长发育、增进身心健康所开展的与幼儿日常生活卫生紧密相关的、有意识的活动。它是学前儿童健康教育的重要组成部分。本节主要以 3~6 岁学前儿童为例，阐述相关内容。

一、学前儿童生活习惯与生活能力教育的总目标

教育目标应以学前儿童的身心发展特征为依据来确定，根据不同年龄阶段提出不同层次的要求。总目标是针对同年龄幼儿的一般要求，为具体活动目标的制定指明方向。

学前儿童生活习惯与生活能力教育的总目标可归纳如下：

（1）了解盥洗的顺序，掌握洗手、刷牙的基本方法。

（2）学会穿脱衣服、整理衣服。

（3）会使用手帕或纸巾。

（4）养成坐、站、行、睡的正确姿势。

（5）能及时排便。

（6）有良好的作息习惯。

（7）进餐时保持愉快的情绪，愿意独立进餐。

（8）认识常见的食物，爱吃各种食物，逐步形成良好的饮食习惯。

（9）主动饮水。

（10）学会整理活动用具，能保持玩具清洁。

（11）保持个人卫生，关心周围环境的卫生。

（12）有初步的生活自理能力。

二、学前儿童生活习惯与生活能力教育的年龄阶段目标

根据《指南》要求，幼儿生活习惯与生活能力教育的教育目标主要体现在“生活习惯与生活能力”方面，包括目标 1（表 4-1）和目标 2（表 4-2）。

表 4-1　目标 1　具有良好的生活与卫生习惯

3~4 岁	4~5 岁	5~6 岁
1. 在提醒下，按时睡觉和起床，并能坚持午睡 2. 喜欢参加体育活动 3. 在引导下，不偏食、挑食。喜欢吃瓜果、蔬菜等新鲜食品 4. 愿意饮用白开水，不贪喝饮料 5. 不用脏手揉眼睛，连续看电视等不超过 15 分钟 6. 在提醒下，每天早晚刷牙、饭前便后洗手	1. 每天按时睡觉和起床，并能坚持午睡 2. 喜欢参加体育活动 3. 不偏食、挑食，不暴饮暴食。喜欢吃瓜果、蔬菜等新鲜食品 4. 常喝白开水，不贪喝饮料 5. 知道保护眼睛，不在光线过强或过暗的地方看书，连续看电视等不超过 20 分钟 6. 每天早晚刷牙，饭前便后洗手，方法基本正确	1. 养成每天按时睡觉和起床的习惯 2. 能主动参加体育活动 3. 吃东西时细嚼慢咽 4. 主动饮用白开水，不贪喝饮料 5. 主动保护眼睛。不在光线过强或过暗的地方看书，连续看电视等不超过 30 分钟 6. 每天早晚主动刷牙，饭前便后主动洗手，方法正确

表 4-2　目标 2　具有基本的生活自理能力

3~4 岁	4~5 岁	5~6 岁
1. 在帮助下能穿脱衣服或鞋袜 2. 能将玩具和图书放回原处	1. 能自己穿脱衣服、鞋袜，扣纽扣 2. 能整理自己的物品	1. 能知道根据冷热增减衣服 2. 会自己系鞋带 3. 能按类别整理好自己的物品

第二节　学前儿童生活习惯与生活能力教育的内容

一、0~3 岁婴幼儿生活习惯与生活能力教育的内容

（一）睡眠习惯

懂得上床后要闭眼安静入睡，醒来时情绪好。

（二）个人卫生习惯

懂得要每天洗脸、洗脚；饭前、便后及进食前要洗手；懂得手脏了要及时洗干净；能配合成人洗头、洗澡；不吃脏东西。

（三）生活自理能力

初步懂得自己能做的事自己做，能自己试着学习脱、穿简单的衣服，如自己脱袜子、解开扣子、脱下裤子；主动配合穿衣、脱鞋；每天脱下的衣服、鞋子、裤子、袜子能放在固定的地方；学习使用勺子；自己主动试着吃饭；在成人的帮助下能耐心、细致地收拾自己的玩具，初步懂得东西用后要放回原处；懂得大小便前告诉成人，能初步料理小便。

二、3~6 岁幼儿生活习惯与生活能力教育的内容

《纲要》明确指出，要“……培养幼儿良好的饮食、睡眠、盥洗、排泄等生活习惯和生活自理能力。3. 教育幼儿爱清洁、讲卫生，注意保持个人和生活场所的整洁和卫生。4. 密切结合幼儿的生活进行安全、营养和保健教育，提高幼儿的自我保护意识和能力”。因此，结合《纲要》要求，幼儿生活习惯与生活能力教育就是要使幼儿掌握身体保健的初步知识，培养良好的个人生活习惯和生活能力。3~6 岁幼儿生活习惯与生活能力教育的内容如表 4-3 所示。

表 4-3　3~6 岁幼儿生活习惯与生活能力教育的内容

1. 洗手、刷牙等的基本方法	早晚刷牙、饭后漱口，掌握正确的刷牙方法
	不用脏手揉眼睛，不长时间看电视
	饭前便后、玩耍后、外出回来洗手，不吃手
	勤洗手、勤洗头、勤洗澡、勤剪指甲、勤换衣服等
2. 穿脱、整理衣服的习惯	自己独立穿脱衣服、鞋袜，收拾整理衣服、被子等
	根据自己的冷热增减衣服，会拉拉链、扣纽扣、系鞋带等
3. 手帕或纸巾的使用	正确使用手帕或纸巾，有鼻涕时及时擦，保持衣着整洁

续表

4. 坐、站、行、睡姿势正确	写画时身体坐直，不驼背、不耸肩
	站立时身体直立，两臂自然下垂，没有八字脚、罗圈腿、驼背等情况
	上体正直，自然挺胸，目视前方，肩臂放松，以肩为轴，两臂前后自然摆动，落地轻而柔，脚尖向前（不要形成“内八”或“外八”）
	了解正确睡姿包括仰着睡（最常见的睡姿）、趴着睡（俯卧睡）和侧着睡三种姿势
5. 按时排便	不憋尿，每天定时大便
6. 良好的作息习惯	每天按时入睡和早起，坚持午睡
7. 活动用具的整理，保持玩具清洁	整理和爱护自己的物品
	不乱扔、乱摔玩具和工具，不乱涂、乱画图书等
	能将使用过的玩具、图书等放回原处
8. 关心周围环境的卫生	关心与爱护周围环境，保持周围环境和公共卫生整洁
	不乱涂、乱画，不乱扔垃圾，不随地大小便
	会做简单的清洁劳动

三、各年龄班的主要学习内容

（一）小班

（1）良好的进餐习惯。

掌握用小勺吃饭的方法，不含饭，不挑食，不撒饭，进餐时不东张西望，进餐后用餐巾将嘴巴擦干净，并漱口。

（2）正确的盥洗方法。

知道饭前、便后及户外活动后应洗手，掌握正确的洗手方法，会用肥皂将手心、手背、指间洗干净，并注意随手关紧水龙头，会用毛巾将手、脸擦干净；知道正确刷牙的方法，并初步学习刷牙。

（3）正确如厕。

在有便意时能够自己如厕，学习穿脱裤子的方法。

（4）良好的睡眠习惯。

能够在教师的提醒或帮助下，有顺序地穿脱衣裤、鞋袜，有将脱下的衣裤、鞋袜放在固定位置的习惯。自然、安静地入睡，用正确的睡眠姿势午睡。

（5）良好的饮水习惯。

能够在日常生活中养成经常喝水的习惯，每日饮水量不少于四杯。

（6）良好的个人卫生习惯。

在成人提醒下能够注意保持自身的清洁与卫生。

（7）收拾玩具的习惯。

在成人的提醒下能够将玩具归回原位。

（二）中班

（1）良好的盥洗习惯。

掌握正确的刷牙方式，并能做到每日早晚刷牙。能够做到用肥皂正确地洗手，并用正确的方式擦手、嘴，会自己挽袖洗手。

（2）正确如厕。

能够根据需要如厕，如厕后能自己整理衣裤。学会便后擦屁股的方法。

（3）良好的进餐习惯。

能够正确使用筷子进餐，进餐时细嚼慢咽，具备较好的进餐姿势，餐后能记住擦净嘴巴，养成收拾餐具的习惯。

（4）良好的午睡习惯。

能独立地穿脱衣服、鞋袜，养成入睡前将衣裤放在固定位置的习惯，入睡、起床时不吵闹，分清左右脚鞋子，入睡前能将鞋子摆放整齐。

（5）良好的饮水习惯。

能够在日常生活中养成经常喝白开水的习惯。

（6）维护自身及周围环境卫生习惯。

有良好的卫生习惯，能够保持衣着及自身整洁。能够做到主动维护环境卫生，不乱扔物品，有清理环境的习惯。

（三）大班

（1）良好的进餐习惯。

能够正确使用筷子，保持进餐安静以及有良好的进餐姿势，不挑食。

（2）良好的午睡习惯。

入睡、起床时不吵闹，能迅速、有序地穿脱衣服，能够单独或与同伴合作，较熟练地整理床铺。

（3）关注个人卫生。

能够保持自身仪表的整洁，会根据天气情况主动增减衣服。

（4）维护周围环境卫生。

能够做到主动维护公共场所卫生，不乱扔物品。

（5）良好的饮水习惯。

能够根据自身的需要养成经常喝白开水的习惯。

四、学前儿童生活习惯与生活能力教育内容的选择依据

（一）学前儿童的现实生活需要

学前儿童生活习惯与生活能力教育的最终目标是让幼儿更加健康、独立、自主和有序地生活，因此，了解幼儿的生活，从幼儿的现实生活需要出发，是选择学前儿童生活习惯与生活能力教育内容的基本要求。如学习正确的刷牙方法，不仅有助于幼儿期乳牙的健康和恒牙的萌出，也为今后的口腔健康奠定坚实的基础。再如学习正确的洗手方法，不仅可以降低接触细菌和病毒导致生病的概率，在往后的生活中也可以享受到由此带来的福利。

（二）学前儿童生活习惯与生活能力教育的目标

教育的目标界定教育的内容，并提示内容的要点。内容的选择应当以实现其目标为目的。因此，学前儿童生活习惯与生活能力教育的目标是选择学前儿童生活习惯与生活能力教育内容的基准。

（三）学前儿童的身心发展水平与原有经验

选择学前儿童生活习惯与生活能力教育内容时，应全面思考幼儿身体发展的现状、心理发展的特点，同时正确判断幼儿已有的生活经验和健康习惯。只有基于此，健康教育的效果才能事半功倍。

第三节　学前儿童生活习惯与生活能力教育的原则和策略

一、学前儿童生活习惯与生活能力教育的原则

学前儿童生活习惯与生活能力教育既要遵循教育的规律，也要符合幼儿的生长发育特点，因此，设计与组织活动时要坚持以下几个原则。

（一）全面性原则

首先，学前儿童全面发展的培养目标明示我们，在处理生活习惯与生活能力教育和其他教育活动之间的关系时，不能顾此失彼，切忌只重知识的灌输，而忽略态度和行为习惯的养成。

其次，全面性原则要求教师在实施生活习惯与生活能力教育时，做到内容、形式、方法全面。内容全面是指帮助幼儿养成良好的睡眠、饮食、如厕、盥洗等全方面生活习惯。形式全面是指凡是可以使幼儿形成良好生活自理习惯的形式，教师都可以采用。方法全面是指教师要开拓思路，结合幼儿的年龄特点和发展水平，综合利用多种方法不断培养、强化幼儿的生活自理能力。

（二）主体性原则

首先，任何健康内容的教育都必须以幼儿的年龄特点和发展水平为依据。教师要认识和尊重幼儿在健康教育活动中的主体地位，改变把幼儿当作管理对象的观点。

其次，《纲要》指出教师应成为幼儿学习活动的支持者、合作者、引导者，因此，教师要通过直接和间接的指导活动，引导和组织幼儿积极主动参加活动的准备、实施、评价等过程，发挥其主体作用。

（三）安全性原则

由于幼儿安全意识薄弱，自我保护能力差，饮食、睡眠、饮水、户外活动等日常生活中的各个环节都可能给幼儿造成意外伤害。因此教师在教育时，特别是在幼儿练习时，要十分重视和强调安全问题。活动的场地、时间、内容，以及练习过程中幼儿受教育的实际状况，教师都要给予全面的关注，以保证幼儿的身心健康。

二、学前儿童生活习惯与生活能力教育的策略

学前儿童健康教育重视健康习惯的培养，因为养成良好的健康行为习惯是促进健康的根本条

件。学前期的健康行为习惯不仅奠定了未来健康的基础，而且对今后的学习、生活和工作的条理性和逻辑性的提高都有帮助。总的来说，培养幼儿的健康行为习惯应当尽早开始，常抓不懈，适时要求，家园配合。

尽早开始是指幼儿刚入园时，教师就要及时对其进行健康教育，使幼儿的生活有一个良好的开端。幼儿年龄越小，行为习惯的可塑性越大，幼儿也越容易建立起良好行为习惯的动力定型。教育者应通过组织有趣的活动吸引幼儿，使幼儿逐渐养成良好的生活卫生习惯。

常抓不懈是指在日常生活和教学过程中要反复进行生活习惯与生活能力教育。良好行为习惯的养成并非一次活动所能达成的，因此要利用日常生活和游戏，坚持不懈地开展幼儿健康教育，使健康教育的效果得到体现。

适时要求是指教师要善于抓住教育契机及时对幼儿进行健康教育，以起到事半功倍的效果。适时要求更多体现在针对个别幼儿的健康教育中，因此教师要对幼儿的行为多加关注。

家园配合是指幼儿园等机构和家长要及时沟通，紧密合作，共同努力促进幼儿生活习惯与生活能力的养成。生活习惯与生活能力教育的全部内容都会在家庭生活中体现。没有家长的积极配合与支持，幼儿正确的生活习惯与生活能力难以培养，生活习惯与生活能力教育也不可能真正有效。

延伸阅读

落实家庭教育责任　保障儿童健康成长①

家庭是人生的第一所学校，家庭教育是教育的基础和起点。何为家庭教育？《中华人民共和国家庭教育促进法》第二条规定：“本法所称家庭教育，是指父母或者其他监护人为促进未成年人全面健康成长，对其实施的道德品质、身体素质、生活技能、文化修养、行为习惯等方面的培育、引导和影响。”由此可以看出，家庭教育的主体是未成年人的父母或其他监护人。我国自古以来就十分重视家庭教育，注重私德、家风的培养，如三国时期蜀汉皇帝刘备就曾告诫其子刘禅“勿以恶小而为之，勿以善小而不为”。诸葛亮在《诫子书》中也嘱咐其子“淫慢则不能励精，险躁则不能冶性”。重视家庭教育一直以来就是中华民族的优秀传统美德，对我们民族的发展和文明的延续具有重大的意义。在当代社会，父母或其他监护人在家庭教育中应承担哪些责任？具体又应该如何落实这些责任？这些是家庭教育中不得不厘清的基本问题。

以儿童利益为中心，落实家庭教育主体责任。根据《中华人民共和国家庭教育促进法》第十四条的规定，父母或者其他监护人应当树立家庭是第一课堂、家长是第一任老师的责任意识，承担对未成年人实施家庭教育的主体责任，用正确思想、方法和行为教育未成年人养成良好思想、品行和习惯。可见，父母或其他监护人作为家庭教育的主体，其承担的根本责任在于用科学的教育理念和方法引导和教育未成年人，培养未成年人良好的品德和习惯，帮助他们健康成长，形成正确的世界观、人生观和价值观。

随着我国社会经济的高速发展，人民物质生活水平得到极大提高的同时，一些不良思想和价

① 张婷，刘茂林．落实家庭教育责任　保障儿童健康成长［EB/OL］（2023-06-18）［2023-09-05］.https://baijiahao.baidu.com/s? id=1769000100575247565&wfr=spider&for=pc.（有改动）

值观也在滋长与蔓延，而未成年人尤其是低龄未成年人，由于心智还没有发育完全，极易受到这些不良思想的影响，从而形成不正确的观念，养成不良的行为和习惯。较好地预防未成年人不良行为的发生，必然离不开家长对其家庭教育主体责任的落实。实际上，家长认真落实其主体责任也是为了实现儿童利益的最大化，即在涉及儿童利益的各项活动中，优先考量儿童的利益，将儿童的利益放在首要地位，尽量保障其利益的最大化。家长认真履行其家庭教育责任，就是保障儿童利益最大化的重要体现。

形成良好家庭文明风尚，保障孩子健康安全成长。如何落实家庭教育主体责任？笔者认为这需要全社会的关注和努力，主要可从以下几个方面来落实。第一，各级政府与组织要认识到帮助家长落实家庭教育责任的重要性，立足最有利于未成年人健康成长的原则，积极开展家庭教育指导，推动形成良好的家庭文明新风尚。第二，家长在家庭教育中要始终坚持儿童利益最大化这一基本准则。英国哲学家杰里米·边沁指出：儿童具有充沛的精力和各种行为上的冲动，但是社会经验的缺乏和自身能力的不足导致他们常常缺乏自我认识和控制自己行为的能力；不管是在身心健康还是在智力发展程度上，儿童都还不够成熟，因而需要一定时间使自己的脆弱性转化为强大的力量，而在这个时间段内恰恰需要持续性的保护。只有坚持儿童利益最大化，才能有效地保护儿童，促进其健康成长。第三，父母要学习和更新教育观念，不能仅关注孩子的学业成绩，更要注重孩子身心健康和对其思想品德的培养，帮助孩子树立正确的价值观。第四，父母要转变不当的教育方式和方法，比如有的父母坚信所谓“棍棒教育”，用简单粗暴的方式对待孩子，以致破坏亲子关系。父母在家庭生活中要加强与孩子的沟通交流，多听取孩子的意见，形成良好和谐的家庭氛围。第五，父母在日常生活中要以身作则，为孩子树立良好的榜样。有的父母在生活中抽烟、酗酒、赌博等，这些不良习惯都会对孩子的成长造成潜移默化的影响。第六，父母要注重建立良好的夫妻关系，给孩子创造健康安全的成长环境。父母关系不和或家庭暴力现象都会给孩子带来心理上的阴影或创伤。

落实家庭教育责任意义重大，关系国家和民族的未来。家庭是社会的组成单元。未成年人首先是从家庭开始认识社会的。家庭教育对未成年人的言谈举止有着重大的潜移默化的影响。未成年人不仅是家庭的希望和未来，也是国家的希望和未来。落实家庭教育主体责任，不仅能培养未成年人良好的品行，也有利于家庭的和谐稳定，更有利于国家和民族的长远发展。党的十八大以来，习近平总书记多次在不同场合强调了家庭教育的重要性。如早在2016年12月12日，习近平总书记在会见第一届全国文明家庭代表时强调，作为父母和家长，应该把美好的道德观念从小就传递给孩子，引导他们有做人的气节和骨气，帮助他们形成美好心灵，促使他们健康成长，长大后成为对国家和人民有用的人。2018年11月2日，习近平总书记在同全国妇联新一届领导班子成员集体谈话时指出，党的十九大报告中提出了培养担当民族复兴大任的时代新人的战略任务，妇联要围绕这个重大课题，在家庭工作中找准立德树人的切入点，帮助孩子扣好人生的第一粒扣子。每一位家长都应充分认识到家庭教育的重要性，为下一代的健康成长、为培养合格的社会主义建设者和接班人尽到自己应尽的责任。

第四节　学前儿童生活习惯与生活能力教育的组织形式和方法

一、学前儿童生活习惯与生活能力教育的组织形式

学前儿童生活习惯与生活能力教育应贯穿于幼儿园和家庭一日生活的各个环节当中，既可以通过较为正式的教学活动进行，也可以借助灵活的、分散的日常生活的各种途径来进行。

（一）集体教育活动

幼儿园的集体教育活动是教师以多种形式有目的、有计划地引导幼儿生动、活泼、主动活动的教学过程。集体活动对于幼儿健康行为习惯的养成是必不可少的重要形式。对于生活习惯与生活能力教育中某些幼儿不太容易理解的健康常识、不太容易掌握或需要系统训练的健康行为技能等，教师可以有目的、有计划地设计教学，引导并启发幼儿探索、理解和掌握。幼儿园等机构要长期、系统、科学地设置和开展生活自理教育课程，同时将其有机地渗透在幼儿园各领域的教育活动之中，例如，开展“洗手防疾病”“爱护我的小白牙”“打针我不哭”等系列活动。

（二）游戏活动

教师可以根据教育内容的需要，以文学、艺术作品和游戏为载体，利用情景表演、扮演角色、听故事、念儿歌等活动形式，对幼儿进行生活自理能力方面的教育。这样能在愉悦的氛围中，让幼儿从游戏中获得浅显的知识，知道是什么、为什么和怎么做。例如，角色游戏中“扮演爸爸妈妈玩过家家”是小班幼儿最喜欢的游戏活动之一，由于角色的特点，需要幼儿自发主动地进行自我服务活动，因此教师可以创设娃娃家，将爸爸、妈妈、孩子、奶奶、爷爷等各种角色的工作，通过图片的形式布置在区域的墙面上，供幼儿在扮演时模仿学习。活动前，教师可通过谈话，唤起幼儿对生活经验的回忆，使幼儿有意识地回忆长辈的劳动，并在游戏中适时指导幼儿扮演爸爸妈妈，学做各种各样的“家务”。幼儿有的做饭，有的扫地，有的洗水果，有的擦地，有的喂“娃娃”，有的给“娃娃”穿衣服……幼儿在扮演角色的过程中，学习了穿衣服、系扣子、拉拉链，学习了一口一口地吃饭，学习了用小抹布擦桌子，等等，不知不觉就增强了自己的自理能力。

（三）一日生活

幼儿的生活习惯与生活能力主要是在日常生活中逐渐培养的，并通过日常生活表现出来。因此，日常生活中的各个环节都可以用来对幼儿进行生活习惯与生活能力教育。幼儿入园后，针对其进餐、如厕、睡眠等生活方面的问题，教师可以在各个环节中适时地进行行为指导，而不必等到专门的生活习惯与生活能力教育活动时才行动。将生活习惯与生活能力教育融入日常生活，既轻松自然，又易见成效。例如，为帮助幼儿形成主动喝水的好习惯，幼儿园在每个班级的茶桶边开辟“今天你喝了多少水”的专栏，要求幼儿每喝一次就插一块牌。一方面教师可以借此了解每位幼儿的喝水情况，另一方面可以提醒幼儿及时、主动地喝水。

（四）家园共育

家庭与幼儿园进行同步教育十分重要。幼儿园可将幼儿需要掌握的生活习惯与生活能力的相

关内容及时与家长交流，保持教育的一贯性和一致性，使幼儿行为习惯的养成更加顺利。可以将一些教育活动内容通过家长园地、校信通、网站、QQ 群、微信群等途径向家长进行第一时间的宣传，并通过这些沟通平台与家长进行及时的互动。可以开展专门的健康教育亲子活动，也可以请一些专家来园，针对家长开展相关的身体健康、心理健康讲座，并且从科学和专业的角度解答家长的疑问。

二、学前儿童生活习惯与生活能力教育的方法

学前儿童生活习惯与生活能力教育方法的选择，既要基于不同教学方法的特点，又要考虑幼儿的年龄特征。常用的方法如下。

（一）示范讲解法

示范法为幼儿提供了可模仿的对象，是幼儿模仿学习的主要方法，也是幼儿掌握技能和良好行为的主要方法。讲解则是教师通过规范、准确、生动的语言，使幼儿掌握生活习惯与生活能力方面的动作要点，形成正确的健康概念。示范法和讲解法一般配合使用，边示范边讲解。例如，示范讲解洗手、刷牙的步骤。

教师在运用示范讲解法时应注意以下几点：考虑幼儿年龄特点，讲解要与示范相对应。讲解的语言要通俗易懂、生动形象，注意语速、语调和语气，演示时一般要借助辅助手段，示范时要注意位置、方向、速度和准确性等。

（二）表扬奖励法

表扬与奖励是对幼儿正确的言行给予肯定的一种方法。这种方法能调动幼儿的积极性，使得到表扬和奖励的幼儿感到愉快和满足，并强化、巩固其良好行为，同时也给其他幼儿树立正面的榜样，激发他们向榜样学习的愿望。表扬和奖励的方式很多，如教师亲切的目光、微笑、点头、拥抱、称赞的语言，给予幼儿荣誉、权利或物质奖励等。教师在表扬和奖励幼儿时要注意做到适时适当、公正合理，注意每个孩子在原有基础上的进步。如幼儿自己扣上扣子，但位置扣错了，教师首先要肯定幼儿的独立意识，表扬他“真能干，能自己扣上扣子”，接着纠正，“只是一颗小扣子进错了门，重新扣一次好吗”，使幼儿产生良好情绪，增强自信心。

（三）行为练习法

行为练习法是指幼儿反复练习已经学过的技能和行为，以加深对某个技能或行为的理解，从而形成稳定行为习惯的方法。该方法是幼儿形成良好生活习惯与生活能力最主要的方法之一。盥洗、穿脱、整理衣物等生活技能都需要幼儿在不断地练习中巩固强化，从而成为稳定的行为习惯。练习时，教师要结合幼儿的实际情况，有目的地逐步提高要求，并且注意形式的多样性、趣味性。对于较为复杂的生活习惯和生活能力的学习，可以分解成若干个小步骤，然后按照先后顺序让幼儿分步骤学习。

（四）环境熏陶法

《纲要》指出：“环境是重要的教育资源，应通过环境的创设和利用，有效地促进幼儿的发展。”因此，幼儿园在对幼儿进行生活习惯与生活能力教育时，可以通过创设具有教育意义的物质环境，潜移默化地引导幼儿的日常生活行为朝着正确的目标不断改善。例如，在墙面上用男孩、女孩的标记标示出男孩、女孩的如厕区域；在地面上用小脚印暗示幼儿排队如厕的“秩序规则”；

在水龙头上方张贴洗手步骤图，暗示幼儿正确的洗手方法；在蹲坑两侧的地面上贴上小脚印，暗示幼儿踩在小脚印上如厕。

此外，安全、温馨的班级环境和教师文明的言行举止都有助于幼儿形成良好的行为习惯。

（五）作品感染法

作品感染法是指利用幼儿喜爱的文学艺术作品（主要是故事类、儿歌类、诗歌类、木偶表演类等）潜移默化地影响他们的健康认知、态度和行为，使之养成良好的行为习惯。例如，儿歌《穿衣歌》、故事《大公鸡和漏嘴巴》、木偶表演《小羊请客》等都对培养幼儿良好的生活习惯起着很好的教育作用。

延伸阅读

儿歌《穿衣歌》

抓大边，钻房子，小老鼠，出洞子，吱溜吱溜，上房子。

故事《大公鸡和漏嘴巴》

一只大公鸡在院子里走来走去，这里啄啄，那里啄啄，找不到虫子吃，急得“咕咕咕咕”地叫。

小弟弟捧着饭碗，坐在院子里吃饭。他一边吃，一边瞧着花蝴蝶飞来飞去，把饭粒撒了一身，撒了一地。

大公鸡看见了，可高兴啦！它连忙跑了过去，嘴里嚷着：“好运气，好运气！今天碰到一个漏嘴巴的小弟弟。”

大公鸡跑到小弟弟身边，啄起地上的饭粒来。“哆哆哆”，啄得可快呢。真好玩！小弟弟越看越高兴，连吃饭也忘了。

一会儿，大公鸡把撒在地上的饭粒吃光了，可它还没吃饱呢。大公鸡抬起头来看了看，好呀，小弟弟的裤子上也有饭粒，就来啄小弟弟的裤子了。

小弟弟说：“大公鸡，大公鸡，你怎么啄我呀？”

大公鸡说：“小弟弟，小弟弟，谁啄你了，我在啄饭粒呢！”

一会儿，大公鸡把撒在裤子上的饭粒吃光了。可它还没吃饱呢。大公鸡抬起头来看了看，好呀，小弟弟嘴巴旁边有一粒饭，就来啄小弟弟的嘴巴。

小弟弟害怕了，端起饭碗就跑：“大公鸡，大公鸡，别啄我，别啄我！”

大公鸡说：“小弟弟，小弟弟，别跑，别跑，我不啄你，我不啄你，你嘴巴旁边有粒饭，让我吃了它！”

大公鸡张开翅膀，一跳，跳到小弟弟的肩膀上，朝着他嘴巴旁的饭粒，“哆”地啄了一下。

小弟弟哭了起来：“奶奶来呀，奶奶来呀！”

大公鸡可高兴呢，它说：“小弟弟是个漏嘴巴，掉下饭来让我吃得乐哈哈。”

奶奶来了。小弟弟问奶奶：“奶奶你说，我的嘴巴漏吗？”

奶奶说：“傻孩子，哪有漏嘴巴呀，是你吃饭的时候，东看看，西瞧瞧，把饭撒了。”

奶奶又给小弟弟盛了半碗饭：“快吃，快吃，可别再撒了。”

小弟弟端着饭碗吃饭。大公鸡又来了，它说："我还没吃饱呢，漏嘴巴，漏嘴巴，撒点饭粒让我吃呀！"

大公鸡等呀，等呀。怎么了？它一粒饭也没吃到。哦，小弟弟这回吃饭可不东看看、西瞧瞧了！

小弟弟把饭吃得干干净净，拿着空碗让大公鸡瞧了瞧，对它说："我是好弟弟，不是漏嘴巴。"

大公鸡没办法，耷拉着脑袋，只好去找虫子吃了。

（六）游戏法

游戏是幼儿最喜欢的活动形式，通过游戏进行生活习惯和生活能力的学习既能调动幼儿参与活动的积极性，还能提高其学习的效率。教师可将生活中的一些生活习惯和生活能力活动编成游戏，引导幼儿在快乐的游戏中进行练习。如：把吃饭当成搬家的游戏，请幼儿将食物搬到肚子里，看谁搬得又快又不撒到桌上；在"娃娃家"游戏中评选"文明家庭"，看谁家的"爸爸妈妈"把家里收拾得最整齐，把"宝宝"照顾得最好。

（七）激励法

幼儿都是好模仿、喜欢被表扬的，因此教师在集体活动和日常活动中可以树立良好的榜样，对幼儿的良好表现或进步及时给予肯定和表扬，引导幼儿通过与同伴比赛谁做得又快又好等方式，激发自己做的兴趣及把事情做好的愿望。例如：对于表现好的幼儿，可及时奖励小红花；通过表扬行为习惯好的幼儿，激励其他幼儿向其学习。

三、《指南》中提出的有关生活习惯与生活能力的教育建议

（一）具有良好的生活与卫生习惯的教育建议

（1）让幼儿保持有规律的生活，养成良好的作息习惯。如：早睡早起、每天午睡、按时进餐、吃好早餐等。

（2）帮助幼儿养成良好的饮食习惯。如：

- 合理安排餐点，帮助幼儿养成定点、定时、定量进餐的习惯。
- 帮助幼儿了解食物的营养价值，引导他们不偏食、不挑食、少吃或不吃不利于健康的食品，多喝白开水，少喝饮料。
- 吃饭时不过分催促，提醒幼儿细嚼慢咽，不要边吃边玩。

（3）帮助幼儿养成良好的个人卫生习惯。如：

- 提醒幼儿早晚刷牙、饭后漱口。
- 勤为幼儿洗澡、换衣服、剪指甲。
- 提醒幼儿保护五官，如不乱挖耳朵、鼻孔，看电视时保持 3 米左右的距离等。

（4）激发幼儿参加体育活动的兴趣，养成锻炼的习惯。如：

- 为幼儿准备多种体育活动材料，鼓励他选择自己喜欢的材料开展活动。
- 经常和幼儿一起在户外运动和游戏，鼓励幼儿和同伴一起开展体育活动。
- 和幼儿一起观看体育比赛或有关体育赛事的电视节目，培养他对体育活动的兴趣。

（二）具有基本的生活自理能力的教育建议

（1）鼓励幼儿做力所能及的事情，对幼儿的尝试与努力给予肯定，不因幼儿做不好或做得慢

而包办代替。

（2）指导幼儿学习和掌握生活自理的基本方法，如穿脱衣服和鞋袜、洗手洗脸、擦鼻涕、擦屁股的正确方法。

（3）提供有利于幼儿生活自理的条件。如：

- 提供一些纸箱、盒子，供幼儿收拾和存放自己的玩具、图书或生活用品等。
- 幼儿的衣服、鞋子等要简单实用，便于自己穿脱。

第五节　学前儿童生活习惯与生活能力教育活动设计与案例

学前儿童生活习惯与生活能力教育活动的设计一般应考虑活动目标、活动准备、活动过程和活动延伸几个方面。下面一一做简单说明。

一、活动目标

具体活动的目标是健康教育总目标及年龄阶段目标的细化，因此表述中应简明清晰、准确具体。目标内涵不要过大，条目不要过多，一般 2~3 条，因为目标过多和过大都意味着可能无法达成。制定目标时应考虑幼儿的年龄阶段特点和个体差异，还需考虑目标应尽可能包含认知、能力、情感三个维度。

（一）目标确定的依据

相关学科领域特点、幼儿发展的一般水平与规律、幼儿的特征状况、幼儿原有经验是教师确定活动目标的主要参考因素。

（二）如何撰写目标

依据学前儿童健康教育必须"丰富幼儿的健康知识，改善幼儿对增进健康的态度，教给幼儿促进健康的方法，训练幼儿保持健康的行为，从而使幼儿养成良好的生活卫生习惯"的要求，同时借鉴美国教育家布鲁姆关于教育目标分类的方法，通常我们可以从认知、技能（行为）和情感三个维度来描述一个具体的学前儿童生活习惯与生活能力教育活动的目标。

案例 1

大班健康教育活动——快乐的自助餐

1. 了解几种常见类别食物的营养，知道平时进餐要合理搭配，这样才会让身体更健康。（认知目标）

2. 通过游戏学会合理搭配午餐，能做到色彩搭配、荤素搭配和干稀搭配合理。（技能目标）

3. 体验配餐游戏的快乐，乐意尝试多种食物。（情感目标）

案例 2

大班健康教育活动——早睡身体好

1. 了解睡觉的好处，知道晚上早睡觉对身体的重要性。（认知目标）
2. 通过生活经验的迁移，尝试合理地设计自己的作息时间表。（技能目标）
3. 积极参与活动，初步形成早睡觉的意识。（情感目标）

知识链接

撰写单个活动目标的注意点

目标要具体，避免空洞、宽泛。例如“知道喝牛奶有营养”，有营养对幼儿来说是看不见、摸不着的，幼儿很难感受到。如果该目标转换成幼儿能够切身体会到或亲身接触到的目标，就有利于幼儿接受，也有利于目标的达成。因此，该目标可以修改为“知道喝牛奶有利于牙齿和骨骼的生长”。

目标要符合幼儿的认知水平，避免过高、过大。例如“了解各种食物的营养，知道什么食物都要吃”，了解各种食物的营养显然是一个非常高的目标，成人都无法达到，何况是幼儿。因此，这样的一个目标是不可能实现的。该目标可以修改为“了解生活中常见的多种食物的营养，知道各种食物都要吃”。

目标表述要浅显易懂，易于幼儿理解，避免深奥、抽象。例如“通过观看动画片，了解膳食均衡的重要性”，这里的“膳食均衡”对于幼儿来说就较深奥，不便理解。该目标可以修改为“通过观看动画片，知道各种食物有不同的营养，各种食物都要吃，身体才会更健康”。

二、活动准备

一个成功的教育活动必然离不开教师精心的准备。准备工作应注意活动开展的季节、现有的物质条件和环境创设、幼儿的知识和心理准备等多种因素。活动准备包括幼儿知识经验的准备，物质材料的选择，人力资源、社区资源的准备和活动环境的准备。

活动材料是为实现活动目标服务的。选择活动材料要依据活动目标，综合考虑幼儿的经验、幼儿的现实生活需要、当地的历史文化背景、可利用的物质和人力资源等，遵循适宜、便利、安全的原则，尽量就近取材。例如，活动“快乐的自助餐”中有小吃店游戏，店里有很多自制食物，活动材料就可直接从小吃店里取用。这样取材又方便，幼儿又熟悉。但不是小吃店里所有的食物直接拿过来就可以作为活动材料的。教师要依据活动目标对材料进行挑选、补充与分类。例如，针对目标“通过游戏学会合理搭配午餐，能做到色彩搭配、荤素搭配和干稀搭配合理”，教师要选择不同色彩、类别的食物，且根据本班大多数幼儿不喜欢吃某些食物的情况，在菜品中适当增加这些食物。

案例 1

大班健康活动——快乐的自助餐

【活动准备】

1. 把教室布置成自助餐厅。
2. 食物金字塔图片、各种食物、一次性餐盘若干。
3. “我的营养餐”记录表、笔、实物投影仪。
4. 幼儿对自助餐的进餐方式有所了解。

案例 2

大班健康活动——早睡身体好

【活动准备】

1. 调查表、小朋友和爸爸妈妈睡觉的课件。
2. 每人一张“我的作息时间表”，吃饭、睡觉图片若干，画线笔若干。

三、活动过程

教师应明确希望幼儿在哪些方面获得发展，希望解决什么问题，如何通过语言尤其是提问方式启发幼儿思考，什么时候提出什么问题，哪些内容还可以且值得拓展，通过什么方法增强教育效果，并注意活动中间的小结和最后的总结，最大限度调动幼儿参与活动的积极性，如让幼儿实际操作、游戏体验，让幼儿始终被活动吸引。

活动过程通常可以分为活动导入、活动展开、活动结束、活动延伸四个环节。

（一）活动导入

活动导入是教学活动开始时，教师引导幼儿进入教学过程的组织方式，是教学过程的起始环节。活动导入主要是为了引出话题，激发幼儿参与活动的兴趣。常见的学前儿童生活习惯与生活能力教育活动的导入法有故事（儿歌、谜语）导入法、直观形象（实物、图片、视频）导入法、情境导入法、问题导入法、游戏导入法、演示导入法和直接导入法等。

案例 1

大班健康教育活动——快乐的自助餐（情境导入法）

【活动导入】

将教室布置成一个简单的自助餐厅。

教师：今天老师要请你们吃自助餐。每个人可以自己搭配一份自助餐，并和好朋友说一说你都挑选了哪些食物，是怎么搭配的。

案例 2

小班健康教育活动——我会擦嘴巴（图片导入法）

【活动导入】

教师出示图片并提问：吃完饭，乐乐想和哥哥姐姐一起去散步，可是哥哥姐姐不愿意带乐乐，这是为什么呢？让我们一起来帮乐乐找找原因吧！（乐乐没有擦嘴巴，嘴巴油乎乎的，还有米饭粘在脸上）

小贴士

无论采用哪种形式，设计活动导入环节都应注意以下几点：

1. 要自然合理，以幼儿的原有经验为基础。

2. 要能引起幼儿的兴趣，使他们兴致勃勃地投入活动，在情感上与教师、活动贴得更近。

3. 要与活动紧密关联，帮助幼儿了解即将进行的活动，在操作与思维层面上为接受新经验与新活动做准备。

（二）活动展开

活动展开环节是教学活动的主体部分，主要是就某种生活习惯或生活能力进行集体地学习、探讨和交流，是实现活动目标的主要环节。

小贴士

设计活动展开环节要注意以下几点：

1. 环节清晰、有序。每一个环节都应有它不可替代的意义与作用。各环节之间应逐步递进、合理过渡，引导幼儿逐步接近活动目标。

2. 内容适量，时间合理。每一个活动都要考虑活动对象的年龄特点，做到内容适量、时间合理，保证幼儿在规定时间内的注意力集中与经验的获得。

3. 侧重点分明。每一个活动都应有重点要解决的问题，即活动的重点，将更多时间安排在重点内容的学习、讨论与练习上。

4. 内容与方法的衔接合理。活动环节设计要充分考虑可以运用哪些策略、以怎样的方式最容易被幼儿接受，尽量做到活动内容与方法的合理衔接。

案例

大班健康教育活动——快乐的自助餐

【活动过程】

1. 教师设置游戏情境，让幼儿进行“快乐的自助餐”活动。

教师：“今天老师要请你们吃自助餐。每个人可以自己搭配一份自助餐，并和好朋友说一说你都挑选了哪些食物，是怎么搭配的。”

2. 幼儿讨论如何合理地搭配一份自助餐。（色彩搭配、荤素搭配、干稀搭配）

（1）教师请个别幼儿（偏食荤菜和偏食蔬菜的）介绍自己搭配的自助餐，引导幼儿发现并讨论这样的搭配有什么不好的地方。

（2）幼儿了解常见的几种类别食物的营养。

（3）集体讨论怎样搭配更合理。（吃饭时，应该注意色彩搭配、荤素搭配和干稀搭配，这样才会保证各种营养都有，身体才会更健康）

3. 幼儿进一步了解如何合理地进餐。（兼顾种类与分量）

（1）教师出示“食物金字塔”，帮助幼儿了解“食物金字塔”的内容及意义。

教师：刚才经过讨论我们知道了一顿饭里应该荤菜、蔬菜、米饭、水果等各种食物都有，那么这些食物是应该吃得一样多，还是有的应该多吃些，有的应该少吃些呢？

（2）幼儿尝试依据“食物金字塔”给自己设计一天的食谱。

（3）教师展示幼儿设计的“一日食谱”，带领幼儿共同分析和评价，给合理科学的食谱贴上小星星。

（三）活动结束

在学前儿童生活习惯与生活能力教育活动的结束环节，教师通常要对活动做整体的回顾、总结、评价，或提出一些长期的希望、建议与要求等。

四、活动延伸

活动延伸是一次完整的教育活动必不可少的环节，它能让幼儿的学习得以巩固和提升。因此，精心设计活动延伸是教师必须要重视的。

活动延伸的常用方式有如下三种：

第一，延伸到家庭和社会活动中，真正实现幼儿园与家庭、社会的密切配合。

第二，延伸到区域活动中，使区域活动成为教学活动的自然延伸。

第三，延伸到幼儿的一日生活中，使健康行为得到练习和巩固。

案例 1

大班健康教育活动——快乐的自助餐

【活动延伸】

1. 教师在区域中提供多种自制食物或食物图片，引导幼儿对食物进行分类，制定合理的早、中、晚餐食谱。

2. 教师在小吃店游戏中引导幼儿合理配菜、点餐。

3. 请幼儿记录下每天的晚餐，第二天利用餐前时间与同伴分享、交流。

4. 有条件的家长带幼儿真正去吃一次自助餐，提醒幼儿合理搭配、适量取餐，帮助幼儿养成良好的饮食习惯。

案例 2

大班健康教育活动——早睡身体好

【活动延伸】

1. 教师在美工区投放画纸和画笔，请幼儿绘制“我的作息时间表”。

2. 在日常生活中家长要提醒幼儿晚上早睡。

案例 3

小班健康教育活动——我会擦嘴巴

思考与练习

一、单选题

1. “能主动参加体育活动”是（　　）幼儿的具体目标。

A. 3~4 岁　　B. 4~5 岁　　C. 5~6 岁

2. “能知道根据冷热增减衣服”是（　　）幼儿的具体目标。

A. 3~4 岁　　B. 4~5 岁　　C. 5~6 岁

3. “养成每天按时睡觉和起床的习惯”是（　　）幼儿的具体目标。

A. 3~4 岁　　B. 4~5 岁　　C. 5~6 岁

二、判断题

1. 教师可以利用日常生活中的洗手、喝水等环节，及时对学前儿童进行良好生活习惯养成教育。（　　）

2. 儿童年龄越小，神经系统和行为习惯的可塑性越大，幼儿越容易建立起良好生活习惯的动力定型。 (　　)

三、简答题

1. 简述学前儿童生活习惯与生活能力教育的策略。

2. 简述利用环境熏陶法对学前儿童进行生活习惯与生活能力教育的方法。

四、活动设计题

根据小班生活常规教育活动的目标及下面的材料设计一节健康教育活动。

九月，小班幼儿刚入园，生活自理能力很差：不会用勺，在进餐过程中撒饭粒现象严重；洗手时有的幼儿不挽袖子，不知道搓手；穿脱衣服、整理衣服都要别人帮助。在欣赏歌曲《我有一双小小手》时，幼儿说："我的小手会穿衣""我的小手会洗脸"……幼儿有这样的热情和愿望，但做得不是很好。从家长的调查问卷统计中可以看出，幼儿的许多事情都是由家长包办代替完成的。

请设计教育活动，让幼儿知道自己的小手本领很大，能做许多的事情，在日常生活中学会运用小手做力所能及的事，对自己的小手充满信心，并且充满激情地使用自己的巧手。同时引导幼儿保护自己的手。

第五章

学前儿童身体保健教育活动设计

【学习目标】

1. 熟悉学前儿童身体保健教育的目标。
2. 掌握学前儿童身体保健教育的原则、途径、方法和指导策略。
3. 能够初步设计与实施学前儿童身体保健教育活动。

第一节　学前儿童生长发育教育

一、学前儿童身体发育教育概述

（一）学前儿童生长发育教育的概念

生长发育包含着机体质和量两方面发育过程的动态变化。例如，大脑在增加重量的同时，皮质的记忆、思维、分析的功能也在不断地完善。又如，随着肠道长度和胃的容积的不断增加，消化道的功能也在日趋完善。

生长是指各个组织器官以及全身的大小、长短和重量的增加与变化，是机体在量的方面的变化；发育是指细胞、组织、器官和系统功能的成熟与完善，是机体在质的方面的变化。学前儿童生长发育教育就是教育者针对学前儿童生长发育的特点，遵循学前儿童生长发育规律，创造各种有利的条件，对学前儿童进行的有计划、有组织的教育活动。学前儿童生长发育教育以增进学前儿童健康、增强学前儿童体质、预防疾病为目的。

（二）学前儿童生长发育的一般规律

1. 由量变到质变的过程

学前儿童的生长发育是一个由量变到质变的复杂过程，包括三个方面的因素：身高、体重的不断增加；各器官组织分化和机能的逐步完善；身体发生一定的形态变化。这三个因素有规律地相互交叉进行。例如消化系统的发育，从婴儿到成人，随着年龄的增加，消化机能逐渐成熟，从新生儿时期只能接受少量流质食物，到成人期能够消化多种固体食物。

根据学前儿童生长发育的规律，在教育过程中采取相应的卫生措施才能有效地促进其发展。

2. 生长发育的连续性和阶段性

学前儿童出生后从小到大发育是有一定程序的，既有连续性，又有阶段性。每一个阶段的发育都有其特点，同时各个阶段的发育又彼此有规律地交替、衔接，前一阶段为后一阶段的发展打下基础，所以前一阶段发育直接影响后一阶段的发育。例如婴儿的动作发展，先是头部活动——抬头、转头，然后是上肢活动——取物，再后是躯干活动——翻转、制作，最后是下肢活动——两腿站立、行走，符合“头尾发展规律”。

3. 生长发育的非均衡性和非统一性

学前儿童生长发育过程常表现出非均衡性发展特征。学前儿童生长发育速度、各个系统发育速度及身体部位的发展均表现出不均衡发展。

（1）学前儿童生长发育速度呈非均衡性。

学前儿童生长发育在不同年龄阶段快慢不一，在整个生长周期表现为波浪式起伏发展，有两个明显的发育高峰。儿童在0~2岁和10~14岁这两个年龄阶段生长发育快。胎儿期是儿童发展最快的时期，出生后生长速度下降，两岁后生长速度进入缓慢发展阶段。直到10岁左右生长发育再次进入高速期。

（2）学前儿童各个系统发育速度呈非一致性。

机体各系统发育有先后之分。身体大部分系统的生长发育速度表现为由快到慢再加快。但神经系统、淋巴系统和生殖系统则与众不同：神经系统表现为优先发展，从胎儿期开始就一直保持着快速发展，至6岁已接近成人水平。淋巴系统表现为超常发展，出生后迅速发展，6岁时达到成人水平，12岁时接近成人水平的200%，以后逐渐下降至成人水平。生殖系统表现为滞后发展，出生后10年内基本上处于静止状态，进入青春期后加速发育成熟。

尽管儿童身体各系统发育速度不一致，但它们又是协调统一的。各系统发育的先后顺序由儿童发展的需要调节。神经系统的发展保障了大脑对身体其他器官的指挥和控制，淋巴系统的发展为机体提供了强大的免疫保障，生殖器官的滞后发展保证了机体成熟后繁衍后代的质量。

（3）学前儿童身体各部位变化不均。

儿童身体比例随年龄增长而发生变化，各部位的变化幅度不一致。其中，变化幅度最大的是下肢，其次是上肢、躯干，头颅变化幅度最小。从身体各部分的比例看，人体从胎儿期的大头占身体的1/2变为小头长腿。

4. 生长发育的速度不同

由图5-1可见，人体的生长发育的速度不是呈直线上升的，而是呈波浪形，有时快，有时慢。

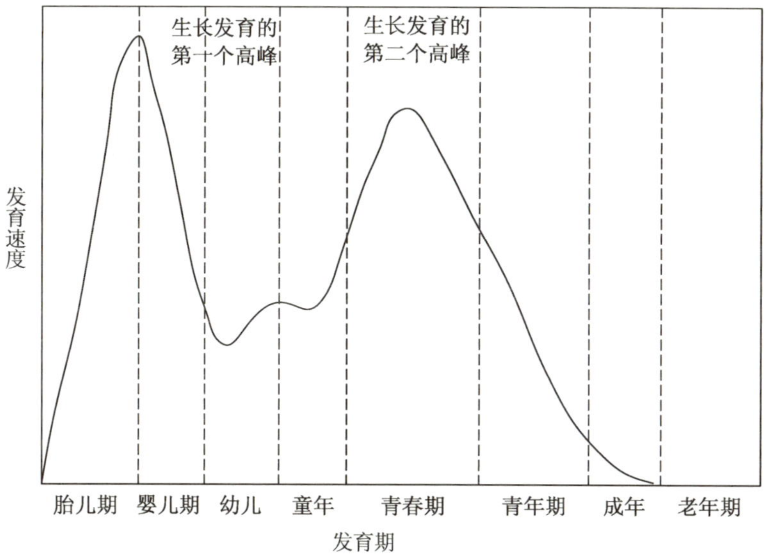

图5-1　生长发育速度

以身高、体重为例，从胎儿到成人全过程中有两次突增阶段：

第一次突增是在胎儿期。胎儿身高在孕中期（4~7月）增长最快，3个月约增5厘米，占整个胎儿期增长量的1/2。孕中期为一生中身高增长最快的阶段。体重在孕末期（7~9月）增长最快，3个月约增2 300克，占整个胎儿期体重的2/3。孕末期是一生中体重增长最快的阶段。学前儿童出生时体重约为3.5千克，以后每年增加1.5~2千克，像这样增长到10岁，总的趋势是速度缓慢下降。

第二次突增是在青春发育期。儿童从10~12岁开始，身高每年平均增加7~8厘米，有的可增加10~12厘米；体重每年平均增加5~6千克，有的可增加8~10千克。以后发育开始变慢。到23~24岁发育成熟，身高停止增长。

人在生长发育的两次突增过程中，身体各部分发育的比例是不同的。在第一次突增中，胎儿头部占全身的1/2，以后躯干和下肢逐渐发育匀称。在第二次突增中，下肢先迅速发育，然后是躯干，而头部发育不明显。

人体的生长发育普遍遵循头尾律和向心律。

（1）头尾律。胎儿时期的生长发育遵循此规律，即胎儿是从头至下肢发育的。

（2）向心律。人体的生长发育遵循此规律，即按照自下而上、由四肢远端到躯干的顺序发育。

从生物学的理论来分析，儿童发育的顺序也是符合向心律的。人体的负荷大小次序是足—小腿—大腿—手—臂—躯干—头。按照形态和功能的统一性法则，负荷量和强度最大的是下肢，其次是上肢和躯干。

（三）学前儿童身体保健教育概述

身体健康是学前儿童身心全面和谐发展的基础，直接影响着学前儿童智力、道德品质、心理素质和能力的发展。

学前儿童身体保健教育是以促进学前儿童生长发育、增进学前儿童身体健康、培养学前儿童初步的健康意识和自我保健能力为目的的教育活动。

由于学前儿童的认知能力有限，仅通过语言向他们讲解相应的身体成长过程是没有效果的，他们无法理解。教师应当了解学前儿童的认知特点，在对学前儿童进行身体保健教育时要选择他们容易接受、理解的方式。例如：在教学过程中可以让学前儿童进行表演，通过表演让学前儿童了解自己从小到大身体的变化及其结构特征，或者播放相关视频来让学前儿童更明确地了解身体结构的变化，再通过绘画或手工活动来让学前儿童表达自己的想法和见解。在活动中可以通过正面的教育让学前儿童明白身体健康的重要性，引导他们爱惜自己的身体，也可以通过反面教材来引起学前儿童对健康的重视和珍惜。同时应培养学前儿童锻炼的意识，鼓励他们多参与体育活动，培养他们运动的习惯，促进其健康成长。

（四）学前儿童各年龄段身体保健教育目标

学前儿童各年龄段身体保健教育目标如表5-1所示。

表5-1　学前儿童各年龄段身体保健教育目标

年龄阶段	教育目标
3~4岁	1. 了解身体的主要外部结构，认识并学习保护五官，不用脏手揉眼睛，学会正确刷牙 2. 懂得要预防疾病，不舒服时要告诉成年人，能够配合疾病的预防和治疗 3. 知道自己的性别，能根据身体外部特征区分男女
4~5岁	1. 初步认识身体的主要内外部器官，知道保护身体的简单常识和方法 2. 知道简单的防病知识，初步懂得疾病预防和治疗的重要性，并能够积极配合 3. 知道男女分厕，具有初步的性别角色意识
5~6岁	1. 进一步认识人体主要器官的功能及相关的知识，具有自我保护意识 2. 知道如何预防常见疾病，学习处理常见外伤的简单方法 3. 了解有关出生和死亡的简单知识

二、0~3岁婴幼儿身体保健教育的内容

（一）认识自己的身体

（1）能用手指指出嘴巴、鼻子、耳朵、眼睛等。

（2）能初步认识自己的身体。

（二）疾病预防意识

（1）懂得打针、吃药虽然痛苦，但能防病、治病。

（2）生病时愿意接受医生的治疗，听从家长的嘱咐，按时打针、吃药。

（3）初步懂得身体不舒服时要主动告诉别人。

三、3~6 学前儿童身体保健教育的内容

（一）认识自己的身体

认识自己的身体外部的主要器官，知道其名称、主要功能及初步的保护方法，逐步形成关注健康的意识和习惯，为保证生理健康发展打下良好的基础。

1. 眼保健的教育内容

（1）掌握关于眼睛的基本结构和功能的知识：眼睛里有眼球，眼睛会流泪；眼皮、睫毛可以保护眼睛；眼睛能用于识物、认人、学习、表达感情。

（2）学习一些眼睛保健知识：不用手揉眼睛；手绢、毛巾要专用，手绢要常洗，保持清洁，以防眼病。

（3）不玩有可能伤害眼睛的物品，如小刀、剪刀、竹签、弹弓、仿真手枪等。

（4）养成良好的用眼习惯：注意科学采光，看书时坐姿要端正，眼睛与书本应保持一定的距离；不躺着看书，以免眼和书的距离过近；不在走路和乘车时看书，以免造成视力疲劳；看电视、电脑、手机的时间有节制，每天不超过 2 小时。

（5）学会正确地做眼保健操，并初步养成做眼保健操的习惯。

（6）明白定期检查视力的意义和方法，并配合检查。

2. 耳保健的教育内容

耳朵是听觉和位觉（平衡觉）的感受器官。幼儿外耳道壁尚未完全骨化，咽鼓管较成人短，易感染。耳保健的教育内容如下：

（1）知道耳朵有耳郭、耳道，耳道里有耳屎，耳朵能听声音，帮助识物、识人，维持平衡等。

（2）知道保护耳朵：用自然的声音唱歌、说话，不大声喊叫着唱歌或说话；听到很大的声音会捂住耳朵或张大口；不用锐利的工具挖耳；不往耳朵里放小物件。

（3）掌握正确的擤鼻涕的方法（一个鼻孔一个鼻孔地擤），知道擤鼻涕不能太用力，以免引起中耳炎；知道洗澡时要避免水灌进耳朵里，不洁的水进入外耳道要及时清洁干净，以免引起外耳道炎等。

3. 口腔保健的教育内容

（1）知道口腔里有牙齿、舌头；知道口腔里有口水，要及时吞咽；知道乳牙的形状、数量，以及 5~6 岁幼儿换牙的知识；知道食物的残渣容易在口腔中产生酸，腐蚀牙齿，形成龋齿；知道牙齿能咬碎食物，舌头能辨别味道，牙齿和舌头能帮助发音。

（2）培养进食后漱口的好习惯，知道漱口时含漱时间要稍长一些，要用力鼓腮，然后吐出漱口水；掌握正确刷牙的方法，知道早晚要刷牙；养成不吮手指、不随便往嘴里塞东西、不咬硬物的好习惯，预防牙齿不齐；懂得定期检查牙齿的重要性，发现龋齿及时处理。

(3) 知道多吃含钙丰富的食物，多晒太阳，有利于牙齿健康。

4. 皮肤保健的教育内容

(1) 掌握基本的皮肤保健知识，知道皮肤能保护身体，能感觉冷、热、触、痛、压、痒等，还能抑制和杀死细菌，能排出体内的废物。

(2) 养成经常清洁皮肤的好习惯，养成脏了就洗的好习惯；勤换内衣，勤剪指甲，学会剪指甲的基本技能；每天用肥皂清洗身体裸露部分；掌握正确洗脸、洗手、洗脚、洗屁股的方法。

5. 鼻保健的教育内容

(1) 知道鼻的相关知识：鼻子是呼吸的重要器官，能温暖、湿润和清洁空气。

(2) 掌握正确擤鼻涕的方法，不抠鼻孔，不往鼻孔里塞异物；用鼻呼吸，不蒙头睡觉；咳嗽、打喷嚏时用手帕捂住口鼻。

（二）疾病防治意识

(1) 懂得要预防疾病，生病时要治疗。

(2) 懂得打针、吃药虽然痛苦，但能防病、治病，能避免疾病带来的不适和痛苦。

(3) 了解预防接种的初步知识，知道预防接种的目的是预防几种对身体健康影响很大的传染病，主动打预防针，不怕痛；能听从医生的指导，注意预防接种后的饮食和活动。

(4) 生病时愿意接受医生的治疗，听从家长的嘱咐，按时打针、吃药。

第二节　学前儿童常见疾病及其预防

一、呼吸道疾病

（一）流行性感冒（流感）

1. 病因

流行性感冒是由流感病毒引起的呼吸道传染病，多在冬末春初流行。该病传播力强，可经飞沫直接传播，飞沫污染手、用具等也可造成间接传染，病后免疫力不持久。

2. 症状

(1) 潜伏期为数小时至1~2日，起病急，出现高烧、寒战、头痛、咽痛、乏力、眼结膜充血等症状。

(2) 以胃肠道症状为主者，有恶心、呕吐、腹痛、腹泻等症状。

(3) 以肺炎症状为主者，发病1~2日即出现咳嗽、气促、气喘等症状。

(4) 部分患儿有明显的精神症状，如嗜睡、惊厥等。

(5) 并发中耳炎。

3. 防治护理

(1) 高烧时卧床休息。患儿高烧时应适当降温，体温不超过38.5 ℃时建议采用物理降温法。

(2) 患儿居室空气要新鲜，要有阳光照射，食物要易于消化，患儿要多饮水。

(3) 患儿可遵医嘱选用适当的药物。

（4）患儿平时注重体育锻炼，加强营养，预防佝偻病与营养不良。

（5）在冬、春季居室应尽量保持温度恒定、空气流通，学前儿童应适当进行户外活动，以增强身体耐寒力。

（6）有流感流行时，避免外出。

（二）扁桃体炎

扁桃体位于口腔后部、消化道和呼吸道的交会处，是经常接触抗原、引起局部免疫应答的部位。此处的黏膜内含有大量淋巴组织。

在正常情况下，扁桃体能抵抗鼻腔和咽腔里的细菌侵入，对人体起保护作用。感冒会使扁桃体抵抗细菌的能力减弱，从而导致口腔、咽部、鼻腔以及外界的细菌侵入扁桃体，引发扁桃体炎。

1. 病因

扁桃体炎是咽部扁桃体发生急性或慢性炎症的一种病症，可分为急性扁桃体炎和慢性扁桃体炎两种，多发于春、秋季节，是一种常见病，致病菌主要为溶血性链球菌。

2. 症状

扁桃体炎的全身表现有低热、疲劳、食欲欠佳等症状，局部表现为咽痛及两侧扁桃体充血、肿大等。

3. 防治护理

（1）患上急性扁桃体炎，要注意安静休息，多饮水，进食以易消化、营养丰富的半流质食物为主。

（2）患儿应遵医嘱使用抗菌消炎药及解热止痛的药物。家长须观察患儿体温及患处局部变化，对低热者可给予物理降温。

（3）手术治疗。对于反复发作的扁桃体炎，手术治疗是最有效的方法，但手术应慎重。因为扁桃体是重要的免疫器官，不建议因一时的扁桃体炎而进行手术切除。但若扁桃体炎发作较为频繁，引起扁桃体肿大、上呼吸道阻塞，造成打鼾严重、吞咽不畅、发声不清等，且扁桃体发生脓肿，甚至引起全身性的疾病，成为病灶性扁桃体，待患儿病情稳定后，家长可多方听取专家意见，结合具体情况决定。

（4）饭前、饭后以温淡盐水漱口，保持口腔清洁。

（5）加强锻炼，增强机体抵抗力，避免受凉或过度劳累。

二、营养性疾病

（一）佝偻病

佝偻病是幼儿常见疾病，是由幼儿体内缺乏维生素 D 引起的钙、磷代谢失常导致钙盐不能正常沉着于骨骼生长部位而引起骨骼畸形的一种慢性营养性疾病。佝偻病没有明显的症状，发生过程较长，因此常常被忽视。

1. 病因

（1）紫外线照射不足。

人体所需要的维生素 D 除了一小部分可自食物中摄取外，主要通过皮肤接受紫外线照射产生。若缺乏户外活动，缺少阳光照射，人体缺乏维生素 D，可致本病。

（2）生长过快。

早产儿、双胎儿出生后生长速度较快，对维生素 D 的需要量较多，易患本病。

（3）长期腹泻。

长期腹泻会导致人体对钙、磷的吸收减少。

（4）人工喂养。

牛奶中钙、磷的比例不当，人体吸收较差。人工喂养的乳儿易患佝偻病。

2. 症状

（1）一般症状。

佝偻病早期一般表现为睡眠不安，夜间常惊醒、哭吵、多汗（与气候冷暖关系不大）。因头部多汗，头皮痒，患儿在枕头上蹭痒，导致枕部头发脱落，出现枕秃。

（2）骨骼改变。

佝偻病进一步发展就会引起骨骼改变，具体表现为：

① 方颅——颅骨呈方形，显得头大脸小。

② 前囟晚闭——1 岁半时前囟尚未闭合。

③ 串珠肋——肋骨上距胸骨几厘米处有钝圆形的隆起，前胸靠下的几根肋骨症状比较明显。隆起自上到下呈一串珠子状，故称串珠肋。

④ 鸡胸——胸骨向前突出，胸廓变窄。

⑤ 下肢弯曲——小儿会站、会走以后，下肢可出现弯曲，呈“O”形或“X”形，影响步态。

（3）动作发育迟缓。

（4）大脑皮层兴奋性降低，条件反射形成迟缓，语言发展较晚。

3. 防治护理

（1）幼儿多在户外活动，接受阳光照射。

（2）提倡母乳喂养，及时添加辅食。母乳中钙、磷的比例适当，人体吸收好。母乳是理想的钙的来源。家长可在母乳中及时添加蛋黄、肝泥、菜泥等辅食。

（3）小儿出生后两周可酌情服鱼肝油。若用浓缩鱼肝油，每日 3~4 滴即可。2 岁以后，生长速度减慢，又常在户外活动，就不必再服用了。

（4）预防先天性佝偻病。胎儿出生前 3 个月，要从母亲体内摄取大量的钙，供骨骼钙化。若孕妇少见阳光，饮食中缺钙，胎儿出生后可患先天性佝偻病。因此，孕妇要常晒太阳，吃含钙丰富的食物。

（二）锌缺乏症

锌为人体必需的微量元素之一，在人体内的含量仅次于铁。若缺乏锌元素，则可能导致机体系统功能紊乱，直接影响学前儿童正常的生长发育。锌缺乏症分为两大类，分别是营养性缺乏症和肠病性肢端皮炎综合征。

1. 病因

（1）锌摄入不足。

学前儿童处于生长和发育的关键时期，各组织器官的营养需求量较多。如果幼儿存在偏食、挑食或者节食等不良习惯，就容易导致锌摄入不足。

（2）吸收障碍。

人体吸收锌元素的部位为小肠。如果学前儿童存在慢性肠道疾病，就容易导致锌元素吸收减少，引起缺锌的表现。

2. 症状

生长缓慢是学前儿童缺锌的典型表现。学前儿童缺乏锌元素后会出现食欲降低、口腔黏膜增生、角化不全等症状，严重者喜欢吃特殊食物如土、纸张、墙皮等。锌缺乏症还表现为免疫功能下降，伤口愈合缓慢、性器官发育不良等。

3. 预防

（1）适当多食含锌元素的食物，如羊肉、鱼、蛋、猪肝、鸡心等动物性食物和小米、花生、卷心菜、萝卜、茄子等植物性食物，必要时可以口服锌剂治疗。

（2）平衡膳食，防止偏食。

（三）肥胖病

肥胖病是指皮下脂肪积聚过多，体重超过同年龄正常儿童很多。一般认为，体重超过相应身高应有体重的20%即为肥胖。

1. 病因

（1）遗传因素。

父母肥胖，子女易成肥胖体形。

（2）多食少动。

不少家长误认为孩子越胖越健康，使孩子养成过食的习惯，所摄入的热量长期超过消耗量。缺乏适量的活动也为患肥胖病的原因。肥胖的儿童大多不喜欢运动，从而更加肥胖。多食少动所致的肥胖称为单纯性肥胖。

（3）精神刺激。

受到精神创伤或心理异常的学前儿童可能有异常食欲，导致肥胖。

（4）内分泌疾病。

内分泌功能异常所致的肥胖病常伴有生殖器发育迟缓、体脂分布特殊等表现，可与单纯性肥胖相鉴别。

2. 症状

（1）食欲特别旺盛，食量超过一般幼儿甚多，喜欢淀粉、油脂类食品。

（2）体格发育较正常幼儿迅速，智力正常，性发育正常。

（3）体脂聚集以乳房、腹部、臀部、肩部尤为显著。

（4）易患扁平足。

3. 分级

超过标准体重20%~30%为轻度肥胖症，超过标准体重30%~50%为中度肥胖症，超过标准体重50%为高度肥胖症。学前儿童标准体重可参考表5-2。

表 5-2　学前儿童标准体重年龄对照表

年龄	体重/kg		年龄	体重/kg	
	男	女		男	女
出生时	2.9~3.8	2.7~3.6	18 个月	10.3~12.7	9.7~12.0
1 个月	3.6~5.0	3.4~4.5	21 个月	10.8~13.3	10.2~12.6
2 个月	4.3~6.0	4.0~5.4	2 岁	11.2~14.0	10.6~13.2
3 个月	5.0~6.9	4.7~6.2	2.5 岁	12.1~15.3	11.7~14.7
4 个月	5.7~7.6	5.3~6.9	3 岁	13.0~16.4	12.6~16.1
5 个月	6.3~8.2	5.8~7.5	3.5 岁	13.9~17.6	13.5~17.2
6 个月	6.9~8.8	6.3~8.1	4 岁	14.8~18.7	14.3~18.3
8 个月	7.8~9.8	7.2~9.1	4.5 岁	15.7~19.9	15.0~19.4
10 个月	8.6~10.0	7.9~9.9	5 岁	16.6~21.1	15.7~20.4
12 个月	9.1~11.3	8.5~10.6	5.5 岁	17.4~22.3	16.5~21.6
15 个月	9.8~12.0	9.1~1.3	6 岁	18.4~23.6	17.3~22.9

4. 防治护理

（1）饮食管理。不宜使体重骤然减轻。最初，只需制止体重速增，以后可使体重逐渐下降，至仅超过该年龄正常体重的10%左右时，即可以不必严格限制食物，但仍需要控制食量。

在饮食管理期间，家长仍需要照顾幼儿的基本营养需要，保证蛋白质、维生素和无机盐的供应量充分。设法满足幼儿食欲，不致其因饥饿而感到痛苦。可提供热能少的食物，如萝卜、芹菜等。

根据以上原则，食物应以蔬菜、水果、粮食为主，加适量的瘦肉、鱼、鸡蛋、豆类等。饮食管理须长期坚持才能获得满意的效果。

（2）增加运动量。学前儿童应养成运动的习惯，坚持锻炼，但要避免剧烈运动致使食欲大增。

（3）内分泌失调所致肥胖者，可针对病因进行治疗。

（4）心理异常、精神因素所致肥胖者，应进行心理治疗。

三、五官疾病

（一）近视

近视是眼对光的屈折力同眼轴长度不相适应引起的。

1. 病因

近视的原因是儿童不良的用眼习惯。

2. 防治护理

（1）不在阳光直射或过暗处看书、画画。

（2）不躺着看书，以免眼睛与书的距离过近。

（3）不在走路、乘车时看书，因为身体活动可导致眼与书的距离经常变化，极易造成视觉疲劳。

（4）集中用眼一段时间后，应望远或去户外活动，以消除视疲劳。

（5）看电视、上网应限制时间，小班幼儿每次不超过半小时，中、大班幼儿每次不超过 1 小时。

（二）弱视

弱视是指视力达不到正常，而又查不出可影响视力的明显的眼病，验光配镜也得不到矫正者。它属于儿童视觉发育障碍性疾病。

1. 病因

（1）斜视。

斜视是指双眼向前平视时，两眼的黑眼珠位置不匀称，一只眼的黑眼珠在正中，另一只眼的黑眼珠向外、向内、向上或向下偏斜。斜视使小儿产生复视（视物成双）。这种视觉紊乱使人极不舒服。为排除这种紊乱，大脑就抑制来自偏斜眼的视觉冲动，日久，偏斜眼就形成弱视。

（2）屈光不正或屈光参差，可致弱视。

（3）形觉剥夺。

婴幼儿时期，由于种种原因不适当地遮盖过某只眼睛，该眼因缺少光刺激，致使视觉发育停顿，形成弱视。

2. 危害

患弱视的幼儿因不能建立完善的双眼单视功能，难以形成立体视觉。缺乏立体视觉则不能很好地分辨物体的远近、深浅等，难以完成精细的技巧，对生活、学习和将来的工作都造成不良的影响。

治疗弱视的最佳年龄阶段为学龄前期。随着年龄的增长，治愈的可能性逐渐减少。因此，早发现、早治疗是使患儿恢复正常视觉的关键。

3. 防治护理

幼儿入园后，至少每年检查一次视力。视力不正常者应去医院进一步检查原因。成人若发现幼儿经常用歪头偏脸的姿势视物，或有斜视，应及早送幼儿去医院检查诊治。

（三）龋齿

龋齿，俗称“虫牙”“蛀牙”，是以牙体被蛀蚀、逐渐毁坏而形成龋洞为主要表现的牙病。

1. 病因

残留在牙齿上的食物在口腔内细菌的作用下产生酸，导致牙齿被腐蚀，形成龋洞。钙化不良、排列不齐的牙齿易患龋齿。

2. 症状

龋齿主要表现为牙齿的形态、色泽、结构的变化。根据病变过程和程度，龋齿可分为浅龋、中龋、深龋三种，其表现各不相同。

（1）浅龋：病变仅局限于牙釉质或牙骨质，局部可见白色或灰黑色的龋斑，窝沟处呈浸墨状弥散。患儿一般无自觉症状，在探针滑过病变部位时有粗糙感，探之无疼痛。

（2）中龋：病变达牙本质浅层，局部变黑，外界刺激（如冷、热、甜、酸等）可引发疼痛。消除刺激源后疼痛立即消失。患儿常无自发性疼痛。检查可探见明显龋洞。

（3）深龋：病变深达牙本质深层，接近牙髓腔，容易穿通髓腔，引起牙髓炎。对外界温度、酸、甜或食物嵌塞等刺激的反应较中龋大，局部多见黑洞。检查可见洞底在牙本质深层，探之极敏感或疼痛，患儿常无自发性疼痛。

3. 防治护理

（1）减少口腔内的牙渍和细菌数量可以预防蛀牙，如饭后漱口、每天刷牙、保证口腔及牙齿清洁。

（2）平时少吃含糖或淀粉类的食物也能减少口腔内的酸性物质。进食之后，口腔在数小时内都会维持在酸性状态，因此，经常吃零食也容易引起龋齿。

（四）中耳炎

幼儿所患中耳炎主要是分泌性中耳炎。

1. 病因

咽鼓管是连通中耳鼓室和鼻咽部的重要通道。幼儿咽鼓管较短，峡部较宽，管腔相对较大，鼻咽部的细菌极易经此进入中耳腔诱发中耳炎。下列不当方式都会诱发中耳炎：

（1）成人给幼儿洗澡、洗头时，因幼儿不配合，污水流入幼儿耳内导致感染。

（2）喂奶过急或奶嘴上的孔较大，使流入婴儿口内的奶太快或太多，婴儿来不及吞咽而发生呛咳，导致奶水进入中耳引起感染。

（3）家长给幼儿掏耳朵，不小心刺伤了耳内的皮肤黏膜而引起感染。

2. 症状

中耳炎的主要症状是耳内闷胀感、听力减退。由于幼儿患病后耳痛不明显，家长往往在幼儿听力受影响时才能发现，因此，常会延误治疗，造成幼儿听力损伤，甚至影响其语言发育。中耳炎若不及时治疗，轻则影响听力，重则可致耳聋。

3. 防治护理

成人如果发现幼儿感冒后出现不明原因的发烧不退或有精神不振、食欲减退、恶心、呕吐、腹泻等表现，或幼儿哭闹不安、牵拉耳郭等，应及时带其到医院检查，切勿自行给幼儿服用消炎药，以免留下隐患。同时家长也应注意以下几点：

（1）及时保暖，避免幼儿受凉感冒。幼儿患急性鼻炎、急性支气管炎、肺炎或急性传染病等时，应妥当治疗，以防并发耳病。鼻及咽喉慢性病，如鼻窦炎、扁桃体炎、增殖体炎等，也应及时治疗，以减少耳朵受感染的机会。

（2）纠正给幼儿掏耳朵的习惯。耳垢是外耳道软骨上的耵聍腺所分泌的淡黄色黏稠物质，有杀菌、抑制真菌生长、保护外耳道皮肤以及黏附灰尘、小虫的作用。在正常情况下，外耳道皮肤表面均附有少量耵聍。因此，不建议给幼儿掏耳朵。

（3）家长给幼儿洗澡时，可将干净的小脱脂棉球塞入其耳道内，或用手堵住其耳朵，以免污水灌入耳道。

四、皮肤病

（一）痱子

1. 病因

痱子是在高温闷热环境下，出汗过多，汗液蒸发不畅，导致汗管堵塞、破裂，汗液渗入周围组织而引起的皮肤病。易发于夏季，多见于幼儿和长期卧床的病人。

2. 症状

（1）痱子多发生在多汗或易受摩擦的部位，如头皮、前额、颈部、胸部、腋窝、大腿根等处。

（2）皮肤先出现红斑，很快形成针尖大小的疹子或水疱，有刺痒感。天气凉爽时症状自行消退。

（3）痱子感染，起初患处呈小米粒大小，渐渐肿大为玉米粒或杏核大小的脓疱。脓疱慢慢变软，最后破溃，流出的黄色黏稠的脓液即痱毒。脓疱可反复发生。

3. 防治护理

（1）避免皮肤表面长时间有汗液，夏天宜穿宽松透气的衣物，及时清除身上的汗渍。家长带幼儿玩耍时可准备毛巾，及时为其擦汗。

（2）家长要注意幼儿的皮肤卫生，为其勤洗澡、勤换衣服。洗完澡后要及时擦干，然后给幼儿涂适量爽身粉或痱子粉。

（3）不要在烈日下嬉戏，饮食不要过饱，少吃糖和高脂肪的食物。

注意：幼儿活动后切勿立刻冲凉水澡，否则会使皮肤毛细血管骤然收缩，汗腺孔闭塞，汗液排泄不畅，加重痱子的症状。

用痱子粉时应注意，过多使用痱子粉容易堵塞汗腺的出口，造成排汗不良，更易刺激皮肤出痱子。

（二）水痘

1. 病因

水痘是由水痘-带状疱疹病毒引起的呼吸道传染病，以 6 个月至 3 岁的幼儿发病率最高，多发生于冬、春季。水痘病毒存在于患儿的鼻咽分泌物及水痘的浆液中，在患儿发病到皮疹全部干燥结痂期间都具有传染性。病初，主要经飞沫传染；在疱疹破溃后，可经衣物、用具等间接传染。

2. 症状

（1）病初 1~2 天有低热，以后出现皮疹。皮疹先见于躯干，渐延至头面部、四肢。

（2）最初的皮疹是红色斑疹或斑丘疹，一天左右变成水疱，3~4 天后水疱干缩，结成痂皮。干痂脱落后，皮肤上不留疤痕。

（3）在病后一周内，由于新的皮疹陆续出现，旧的皮疹已结痂，也有的皮疹正处在水疱的阶段，因此病人皮肤上可见到三种皮疹症状，分别是红色丘疹、水疱、结痂。在出疹期间，皮肤瘙痒。

3. 防治护理

（1）保持皮肤清洁，勤换洗内衣、床单。

（2）因皮肤瘙痒，患儿常抓破皮肤，造成化脓性皮肤病。成人可将炉甘石洗剂涂抹在患儿皮肤上为其止痒。同时给其勤剪指甲，以免其搔伤皮肤。

（3）早发现、早隔离患儿。患儿隔离至皮疹全部干燥结痂，没有新皮疹出现后，方可与人接触。

（4）患儿停留过的房间要开窗通风，并进行消毒。

（三）手足口病

1. 病因

手足口病是由肠道病毒感染引起的疱疹性传染病。引发手足口病的肠道病毒有 20 多种（型），其中以柯萨奇病毒 A16 型和肠道病毒 71 型最为常见。患者是主要的传染源。患儿的水疱液、咽分泌物及粪便中均可带有病毒。手足口病夏季高发，多见于 1~2 岁幼儿。

2. 症状

手足口病潜伏期为 4~6 日。患儿先出现轻微症状，如发热、咳嗽、咽痛及全身不适。在指（趾）的背面、侧面、手掌、足跖，尤其是指（趾）甲周围，有时在臀部、躯干和四肢发生红色斑丘疹，很快发展为水疱。口腔内，舌、硬腭、颊黏膜、齿龈上发生水疱，破溃后形成潜在的糜烂，疼痛影响进食。8~10 天后水疱干涸，疾病痊愈。

3. 防治护理

（1）患儿发热时应卧床休息，多饮水。食物应有营养，以流质、半流质为主。

（2）饭后漱口，保持口腔清洁。患儿食具、便具应专人专用，用后消毒。

（3）饭前便后、外出回屋后用肥皂洗手，不吃生冷食物，避免接触患病人员。

（4）在手足口病流行期间不在人群密集、空气流通差的公共场所停留，保持环境卫生，居室经常通风，勤晒衣被。

第三节　学前儿童身体保健教育活动设计与案例

一、学前儿童身体保健教育活动的组织形式

（一）主题教育活动

学前儿童教育活动的课程模式多种多样，具有代表性的主要有学科课程、主题教育活动、活动课程（如游戏、区域活动）。学前儿童身体保健教育要根据本领域的发展目标、不同的教育内容、幼儿园的实际情况和班级内学前儿童的发展水平，选择相应的形式。这里重点分析主题教育活动。

学前儿童主题教育活动，是指教师根据教育目标和学前儿童认知发展的需要，在一定阶段围绕一个教育中心课题，综合选用多种教育形式组织的一系列教育活动。主题教育活动能够发挥各种教育手段的交互作用，使各领域相互融合，促进学前儿童认知、情感、个性等各方面协调地发展。

例如，组织“保护牙齿”系列主题活动，可以开展“牙齿切碎机”（认识牙齿，了解牙齿的名称和部位）、“龋齿的形成”（知道保护牙齿的重要性）、“如何漱口”、“怎样刷牙”、“牙齿加油站”（了解牙齿健康生长所需的营养）、“如何预防牙列不齐”（了解良好的用牙习惯）、“我的牙齿掉了”（了解和正确对待换牙现象）等系列活动。系列活动的开展有助于学前儿童养成每天用正确的方法刷牙的习惯，掌握保护牙齿、预防龋齿的方法，初步形成关注牙齿健康的意识和保护牙齿的好习惯，为其拥有一副健康整洁的牙齿打下基础。

又如，“爱护我自己”系列主题活动，可以由“求救电话”“独自在家的时候哪些东西不能碰”“认识标志（如小心触电、禁止烟火、高压线、加油站等标志）”等系列活动组成，通过游戏活动、集体活动、社区共育、家园合作等多种形式、多种手段来帮助学前儿童完成对“爱护我自己”这一主题的认识。

（二）一日生活环节

著名教育家陶行知先生提出了“生活教育”的理论，指出“生活即教育”“社会即学校”“教学做合一”等。他主张教育和实际生活紧密联系。幼儿园的一日生活环节包括晨间锻炼、教育活动、游戏、自由活动、就餐、散步、睡眠等多个环节。良好的健康生活习惯通常是在日常生活中养成的，因此，教师要妥善利用日常生活中的每一个环节，对幼儿进行适时的教育。

例如，利用日常生活的各个环节如洗手、就餐、如厕等，及时对幼儿进行一些相关的日常行为习惯养成教育。如饭前进行正确的就餐习惯教育；洗手时利用示范、儿歌等方法引导幼儿掌握正确的洗手方法。

又如，利用日常活动时间对幼儿进行延伸教育活动，巩固幼儿的健康行为。如：教师对幼儿进行牙齿健康的教育，饭后让幼儿练习漱口；进行有关营养的教育活动，利用就餐时间引导幼儿注意合理地摄取食物，养成不挑食、不偏食的习惯等。总之，健康的生活、行为习惯的养成必须通过日常生活得到巩固。

再如，利用散步、自由活动等形式巩固幼儿的行为习惯。

（三）集体教育活动

《纲要》指出：“幼儿园的教育活动，是教师以多种形式有目的、有计划地引导幼儿生动、活泼、主动活动的教学过程。”集体教育活动对于幼儿健康行为习惯的养成是不可或缺的重要形式。集体教育活动主要是教师针对班级幼儿身心发展过程中存在的一些共性的问题、幼儿较难理解的一些健康常识、需要特别学习与练习的生活技能等，预设一些针对性的策略和方法，有目的、有计划、有组织地面向全体幼儿实施的教育教学活动形式。当然，活动的内容除了预设外，还可以根据幼儿的需要不断生成。

活动可以采用多种教育形式开展，例如：以情景表演的形式开展，使幼儿感受到直观生动的形象，印象深刻；也可以采用多媒体手段，特别是将一些幼儿难以理解的营养成分（如蛋白质、维生素等）用卡通形象来表现，使抽象的常识变得较为具体。当然，教师在活动中一定要给幼儿充分动手操作体验的机会，以巩固幼儿获得的经验。

（四）家园合作

学前儿童健康教育内容与家庭生活内容密切相关。学前儿童在幼儿园出现的个人与公共卫生问题、饮食习惯问题、安全问题，在家庭中也同样存在。如果仅靠幼儿园的集体教育而没有家庭教育的积极配合，那么学前儿童健康教育将事倍功半；反之，如果幼儿园的集体教育与家庭教育协调一致，学前儿童健康教育便能够事半功倍。因此，学前儿童健康教育必须得到家庭的积极配合，家长理应成为学前儿童健康教育的实施者。

家园合作的形式是多种多样的，例如：家长主动配合对学前儿童的教育（如带学前儿童过马路时主动遵守交通规则），在家庭中帮助孩子理解和巩固在幼儿园所学的健康知识和技能，培养良好的生活习惯；家长参与设计教育方案，与教师一起参加教研活动（如一起研究如何教育孩子不轻信陌生人）；家长将对学前儿童的教育要求（如不偏食、不挑食）延伸到家庭，将学前儿童在家中的情况及时反馈到幼儿园（调查学前儿童在家是否不挑食）；家长还可以作为教育者，直接参与到活动中，如对学前儿童进行生活自理能力的训练，训练学前儿童自己穿衣服、扣纽扣、刷牙、漱口、整理物品等。

家园合作就是教师、家长对学前儿童生活习惯、生活自理能力等各方面的要求保持一贯性和连续性，使学前儿童的大脑皮层形成固定的条件反射，建立起良好的动力定型，以取得更好的教育效果。

（五）区角活动

在区角活动中，教师可设置一些与主题活动密切相关的内容，一方面，使主题活动得到有效的延伸和拓展；另一方面，可以将一些适合小组或个人的活动直接在区域活动中进行，从而有效地促进幼儿个性化发展。如在区角活动“我的牙齿”中，针对正在换牙的幼儿，教师在阅读区准备一些有关换牙的绘本和有关牙齿构造、牙齿健康的图书，在科学区准备牙齿模型、牙刷等，让幼儿通过认识牙齿的健康教育活动，了解一些牙齿的构造和正确的刷牙方法；再针对幼儿的心理特点进行有关换牙的心理健康教育，引导幼儿正确面对换牙的过程；同时，在游戏区设置一些有关看牙医的游戏，以巩固幼儿的认识等。

二、学前儿童身体保健教育的实施原则

学前儿童身体保健教育包括身体生长发育保健教育和生活常规保健教育。所计划的教育活动的难度应尽可能与学前儿童的发展水平相当，所计划的教育活动的次序应尽可能与学前儿童的发展规律相符，所计划的教育活动的内容应尽可能与学前儿童的需要相符。

实施学前儿童身体保健教育需遵循以下原则：

（一）科学解释与艺术解释相结合

所谓科学解释是指教育者教给学前儿童科学的、符合实际的身体知识，不对学前儿童撒谎；所谓艺术解释，是指鉴于学前儿童的认知水平和情感接受能力，教育者对身体知识以隐喻的方式加以说明。例如，关于“生”与“性”的阐释，教育者应以学前儿童能接触的身边生物为例，说明这些生物都有性现象，人类并不特别，生殖器官是人体的一部分。教育者应以平和的态度去面对学前儿童提出的有关性的问题，让学前儿童知道男女在体力、体格等方面的不同点及男女合作对家庭和社会生活的重要性。

（二）讲解与体验相结合

对学前儿童进行身体保健教育常常受到其理解能力不足的影响。如身高、体重等有关“数”的概念、意外伤害给人体带来的危害等超出了他们的认知范畴。对于前者，教育者可以让学前儿童定期体检，体验身高与体重的变化，感受长大的乐趣；对于后者，教育者可在有学前儿童受伤时进行随机教育，引导他们理解受伤的痛苦，使学前儿童感受到身体健康的重要性，珍惜健康。

（三）抽象与直观相结合

学前儿童对纯抽象的知识难以理解和记忆，而在讲解过程中结合直观的图像或实物将会产生事半功倍的效果，所以进行身体保健教育应以直观教育为主。例如，在认识人体器官的教育过程中，教师可先让学前儿童欣赏健康人体的美，如亮晶晶的眼睛、干干净净的牙齿等，然后再展示受到伤害的眼睛、龋齿等，用强烈的对比激发学前儿童对健康的向往。

三、学前儿童身体保健教育活动设计思路

（一）开始部分

可以用观看图片、视频，念儿歌，做小实验、情境表演等形式导入。

（二）基本部分

（1）引导幼儿观察图片或者视频，让幼儿主动发现相关问题，如生活卫生习惯不好可导致生活中经常遇到困难等。

（2）用讲授的方式或情境表演的方式让幼儿了解发生这些问题的根本原因及对身体造成的危害。

（3）用不同的形式组织幼儿讨论、交流经验。

（4）归纳幼儿观点并进行小结，引导幼儿学会解决生活当中碰到的问题，向幼儿示范正确的做法。

（三）结束部分

（1）采用儿歌或其他形式巩固所学内容。

（2）随机总结。

案例

红眼咪咪（集体活动）

【活动目标】

1. 了解眼睛发红的原因，不用脏手揉眼睛。
2. 学习处理眼睛进异物的简单方法。
3. 有预防红眼病及保护眼睛的初步意识。

【活动准备】

1. 环境准备：教师搜集一些有关爱眼、护眼的相关宣传画，并布置在展板和区域中，以便让幼儿了解更多有关眼睛的信息。
2. 经验准备：幼儿对红眼睛的小动物有所了解，个别幼儿有得沙眼或红眼病的经历。
3. 物质准备：彩笔、空白的爱眼宣传画底图。
4. 幼儿操作材料《红眼咪咪》。

【活动过程】

1. 以“猜猜‘红眼睛’是谁”导入话题。

教师引导幼儿看幼儿操作材料《红眼咪咪》中的第一幅图，引导幼儿猜测“谁的眼睛红通通”。

幼儿根据自己的已有经验进行推测，可以简单地说说理由。

观看幼儿操作材料中的第二幅图：今天遇到的可不是小兔，而是一只红眼睛的小猫。

师：你们想知道小猫的眼睛为什么这么红吗？

2. 师生共同阅读故事《红眼咪咪》，了解患红眼病的原因。

师：有一只小花猫叫咪咪。它有一双漂亮的大眼睛。一天，咪咪在草地上玩皮球。突然，一阵风吹来，一粒沙子吹进了咪咪的眼睛里。眼睛可真难受啊！它连忙用手去揉，用脏手帕去擦。揉呀揉，细菌钻进了眼睛；擦呀擦，眼睛越来越痛。猫妈妈见了说："哎呀！咪咪的眼睛怎么变成白兔的红眼睛了？"没过几天，猫妈妈的眼睛也红了。这是怎么回事？怎么办才好呢？

通过问题引发讨论：咪咪的眼睛怎么会变红的？灰、沙进入眼睛后怎么办？

幼儿结合故事中的情节回答问题，了解细菌对眼睛的伤害。

小结：咪咪的眼睛变红了是因为用脏手揉眼睛，把细菌带进了眼睛里，引起眼睛发炎、充血。如果有灰、沙进入眼睛，请别着急，可以闭上眼睛，让灰、沙慢慢地和泪水一起淌出来；还可以请大人帮忙点些眼药水，帮助尽快地去除眼睛里的细菌。同时，要预防红眼病。

师进一步追问，加深幼儿对红眼病的了解：猫妈妈的眼睛为什么也变红了？

小结：病菌是会传染的。红眼病患者用过的毛巾、脸盆都会有病菌。咪咪和妈妈天天在一起，脸靠脸，它的红眼病也传染给了妈妈。

3. 介绍有关预防红眼病的简单方法，培养幼儿良好的用眼卫生习惯。

师提问：怎样做才能保护我们的眼睛不生病，不变成红眼睛呢？

幼儿根据故事中引起红眼病的原因思考防范方法。

小结：不用脏手揉眼睛。遇到大风时，要学会转过头并把眼睛遮挡住，防止风沙进入眼睛。不用别人的毛巾和手帕。得了红眼病要及时治疗，点眼药水，用干净的手帕擦眼泪，在家好好休息，不到公共场所，让眼睛好好休息，才能尽快好起来。

4. 操作活动。

幼儿在眼睛形状的纸上制作预防红眼病、保护眼睛的宣传画，利用宣传画向全园的幼儿介绍有关红眼病的预防和治疗知识。

5. 模拟授课。

中班健康教育活动——红眼咪咪

思考与练习

一、单选题

1. "每天早晚刷牙、饭前便后洗手，方法基本正确"是（　　）幼儿的具体目标。

A. 3~4 岁　　B. 4~5 岁　　C. 5~6 岁

2. “主动保护眼睛。不在光线过强或过暗的地方看书，连续看电视等不超过30分钟”是(　　)幼儿的具体目标。

A. 3~4岁　　B. 4~5岁　　C. 5~6岁

3.《幼儿园工作规程》指出，幼儿园需要每隔(　　)对幼儿进行一次体检。

A. 3个月　　B. 6个月　　C. 1年　　D. 1.5年

4. 幼儿应多吃蛋、奶等食物，保证维生素D的摄入，以防止维生素D缺乏引起的(　　)。

A. 呆小症　　B. 异食癖　　C. 佝偻病　　D. 坏血病

5. 幼儿应多进食含(　　)的食物，以促进血红蛋白的合成，预防贫血。

A. 锌和脂肪　　B. 维生素和无机盐　　C. 碳水化合物和钙　　D. 铁和蛋白质

二、判断题

1. 若缺乏户外活动，人体缺乏维生素D，可致佝偻病。(　　)

2. 将教育活动延伸至幼儿的日常活动中，有利于巩固幼儿的健康行为。(　　)

三、简答题

1. 简述学前儿童近视防治护理的方法。

2. 简述学前儿童身体保健教育的实施原则。

四、活动设计题

电视和电脑在给我们的生活带来方便的同时，也会对我们的身体健康有一定的影响，比如长时间看电视会导致眼睛干涩难受。下面就请你结合大班幼儿的身心发展特点，设计合理的、以保护眼睛为主题的活动，要求写出活动名称、活动目标、活动准备、活动过程、活动延伸。

第六章

学前儿童饮食与营养教育活动设计

【学习目标】

1. 了解饮食与营养的基本概念、知识。
2. 了解 0~2 岁婴幼儿饮食喂养准则。
3. 理解学前儿童饮食与营养教育不同层级目标，并掌握其具体内容。
4. 掌握学前儿童饮食与营养教育的内容及选择原则。
5. 掌握学前儿童饮食与营养教育的途径及方法，并能设计、组织相关活动。

第一节　学前儿童饮食与营养概述

一、营养

饮食营养质量关系到幼儿身心健康的发展。健康的饮食行为是饮食营养质量的保证。

营养是指人体摄入、消化、吸收和利用食物中营养成分，以维持生长发育、组织更新，满足生理功能、体力活动需要的必要的生物学动态过程。

二、营养素

营养素是指食物中有营养功能的物质，它通过食物获取并能在人体内被利用。这些物质具有供给能量、构成组织及调节生理等功能。

（一）营养素的种类

营养素的种类繁多。根据营养素的化学性质和生理作用，我们可将营养素分为七大类：蛋白质、脂类、碳水化合物、矿物质（无机盐）、维生素、水、膳食纤维。根据人体需要量的多少，又可将之分为宏量营养素和微量营养素。

宏量营养素包括蛋白质、脂类和碳水化合物。这三种营养素经体内氧化可以释放能量，因此也被称为产能营养素。微量营养素包括矿物质和维生素，也被称为非产能营养素。

（二）营养素的生理功能

1. 供给能量

食物中的产能营养素（蛋白质、脂类、碳水化合物）可以供给能量，维持体温以及满足各种生理活动。

2. 构成机体组织，促进生长发育

蛋白质、碳水化合物、脂类与某些矿物质（如钙、磷、镁是骨骼和牙齿的重要成分）经代谢、同化作用可构成机体组织，满足机体生长发育与新陈代谢的需要。

3. 调节生理

营养素在机体各种生理活动与生物化学变化中起调节作用，如蛋白质能促进某些无机盐和维生素被吸收、利用，调节细胞内、外液的渗透压和体液酸碱平衡。

并不是所有营养素都同时具有这些功能。同一营养素可能具有多种功能，不同营养素也可能具有同一功能。各种营养素必须合理搭配才能预防疾病，让身体更健康。

三、营养与健康

营养均衡有利于身体健康。营养失去平衡会造成营养不良。营养不良指由一种或一种以上的营养素的缺乏或过剩所造成的机体健康异常或疾病状态。营养不良包括营养缺乏和营养过剩。

（一）蛋白质

蛋白质是一切生命的物质基础。人体内的蛋白质始终处于不断分解和合成的动态平衡之中，

从而达到组织蛋白更新和修复的目的。蛋白质-热能营养不良在幼儿阶段较为常见，大多是因为贫穷和饥饿引起的。缺乏蛋白质的主要表现是虚弱，腹腿部水肿，表情淡漠，头发变色、变脆、易脱落，生长滞缓，易感染其他疾病等。在正常情况下，人体不贮存蛋白质。过多的蛋白质要进行脱氮分解。氮由尿排出体外，需要大量水分，从而加重肾脏负荷。此外，摄入过多的动物性蛋白会造成含硫氨基酸摄入过多，加速骨骼中钙的流失，易造成骨质疏松等其他疾病。

（二）脂类

膳食中的脂肪主要来自植物油脂、动物油脂、肉类，大豆、花生、核桃、葵花籽等脂肪含量也很高。脂肪缺乏会导致体重不增、食欲不振、干眼病、皮肤角化过度。陆生动物脂肪中饱和脂肪酸含量较多，吸收过多易引起高血脂及某些恶性肿瘤。大多数植物油脂主要含不饱和脂肪酸，有助于降低血液胆固醇含量，有利于预防高血脂、冠心病，但是过多摄入也可能会引起体内脂质过氧化反应增强。

（三）碳水化合物

碳水化合物又名糖类，主要存在于植物性食物中，是人体的能量来源之一。根据其分子结构，可分为单糖、双糖、寡糖、多糖。有一部分人存在不同程度的乳糖不耐受。大量乳糖未被吸收而进入大肠，产酸、产气，导致胃肠不适、胀气、腹泻、痉挛等症状。乳糖不耐受产生的原因主要有三种：① 先天缺少乳糖酶；② 服用的药物或肠道感染导致乳糖酶分泌减少；③ 大部分人由于年龄增加，乳糖酶水平不断降低。一般 2 岁以后到青年时期，乳糖酶水平可降到出生时的 5%～10%。乳糖不耐受的人可食用发酵后的乳制品如酸奶，以及经乳糖酶分解的奶制品。当然，坚持长期摄入牛奶和逐渐增加摄入量，也是减少乳糖不耐受的办法。

（四）水

水是人体非常重要的组成部分，也是维持人类生命活动的重要条件。水是细胞的主要成分，能够调节体温，维持体温相对恒定，还能够加速化学反应，促进新陈代谢。一般来说，年龄越小，需水量越高。水摄入量过低会发生脱水症状，当然短时间内饮水过多也会造成水中毒。

（五）矿物质

人体中的矿物质可分为两大类。含量大于 0.01%的元素称为常量元素，包括钙、镁、钾、钠、磷、硫、氯等。含量小于 0.01%的元素称为微量元素，包括必需微量元素（铁、锌、硒等）、可能必需微量元素（硅、镍等）、具有潜在毒性但低剂量时可能具有必需功能的微量元素（铅、镉等）。矿物质种类繁多，任何一种元素的缺乏都可能导致一定的症状。如婴幼儿较为常见的缺钙，会影响骨骼、牙齿发育，严重的表现为佝偻病。镁的缺乏一般不是饮食引起的。长期慢性的腹泻会引起大量镁排出，造成心律不齐、神经肌肉兴奋异常、惊厥等。

（六）维生素

维生素是维持机体生命活动过程中所必需的一类微量有机化合物。根据溶解性可分为脂溶性维生素（维生素 A、D、E、K）和水溶性维生素。人体内维生素不足是一个渐进的过程，原因主要分为原发性原因和继发性原因两类。原发性原因即摄入量不足，如水溶性维生素在体内储存得很少，过量时很快就从尿中排出，所以需要每天通过食物补充。由于机体发生障碍而导致的摄入量低属于继发性原因。长期轻度缺乏维生素不会出现临床症状，但会导致抵抗力下降等。

（七）膳食纤维

从生理学角度来看，膳食纤维是哺乳动物消化系统内未被消化的植物细胞的残存物，包括纤维素、半纤维素、果胶等。膳食纤维有帮助食物消化吸收、降低血清胆固醇、预防胆结石、预防结肠癌、预防能量过剩和肥胖等作用。其来源主要是植物性食物。麦麸、苹果、香蕉、橘子、蚕豆、芹菜等常见食物里都富含各类膳食纤维。

拓展内容

中国居民膳食指南（2022）[①]

膳食指南是健康教育和公共政策的基础性文件，是国家实施《健康中国行动（2019—2030年）》和《国民营养计划（2017—2030年）》的一个重要技术支撑。

自1989年首次发布《中国居民膳食指南》以来，我国已先后于1997年、2007年、2016年进行了三次修订并发布，在不同时期对指导居民通过平衡膳食改变营养健康状况、预防慢性病、提高健康素质发挥了重要作用。在国家卫生健康委员会等有关部门的指导和关心下，中国营养学会组织近百位专家对膳食指南再次进行修订，经过近三年的努力，在对近年来我国居民膳食结构和营养健康状况变化做充分调查的基础上，依据营养科学原理和最新科学证据，结合当前疫情常态化防控和制止餐饮浪费等有关要求，形成《中国居民膳食指南研究报告》，并在此基础上顺利完成《中国居民膳食指南（2022）》。

平衡膳食八准则——核心推荐：

准则一：食物多样，合理搭配

核心推荐：

- 坚持谷类为主的平衡膳食模式。
- 每天的膳食应包括谷薯类、蔬菜水果、畜禽鱼蛋奶和豆类食物。
- 平均每天摄入12种以上食物，每周25种以上，合理搭配。
- 每天摄入谷类食物200~300克，其中包含全谷物和杂豆类50~150克，薯类50~100克。

准则二：吃动平衡，健康体重

核心推荐：

- 各年龄段人群都应天天进行身体活动，保持健康体重。
- 食不过量，保持能量平衡。
- 坚持日常身体活动，每周至少进行5天中等强度身体活动，累计150分钟以上；主动身体活动最好每天6 000步。
- 鼓励适当进行高强度有氧运动，加强抗阻运动，每周2~3天。
- 减少久坐时间，每小时起来动一动。

准则三：多吃蔬果、奶类、全谷、大豆

核心推荐：

---

① 中国营养学会．《中国居民膳食指南（2022）》——人民卫生出版社[EB/OL].(2022-05-20)[2023-09-01].https://www.cnsoc.org/latesachie/0522202020.html.(有改动)

- 蔬菜水果、全谷物和奶制品是平衡膳食的重要组成部分。
- 餐餐有蔬菜，保证每天摄入不少于300克的新鲜蔬菜，深色蔬菜应占1/2。
- 天天吃水果，保证每天摄入200~350克的新鲜水果，果汁不能代替鲜果。
- 吃各种各样的奶制品，摄入量相当于每天300毫升以上液态奶。
- 经常吃全谷物、大豆制品，适量吃坚果。

准则四：适量吃鱼、禽、蛋、瘦肉

核心推荐：

- 鱼、禽、蛋类和瘦肉摄入要适量，平均每天120~200克。
- 每周最好吃鱼2次或300~500克，蛋类300~350克，畜禽肉300~500克。
- 少吃深加工肉制品。
- 鸡蛋营养丰富，吃鸡蛋不弃蛋黄。
- 优先选择鱼，少吃肥肉、烟熏和腌制肉制品。

准则五：少盐少油，控糖限酒

核心推荐：

- 培养清淡饮食习惯，少吃高盐和油炸食品。成年人每天摄入食盐不超过5克，烹调油25~30克。
- 控制添加糖的摄入量，每天不超过50克，最好控制在25克以下。
- 反式脂肪酸每天摄入量不超过2克。
- 不喝或少喝含糖饮料。
- 儿童青少年、孕妇、乳母以及慢性病患者不应饮酒。成年人如饮酒，一天饮用的酒精量不超过15克。

准则六：规律进餐，足量饮水

核心推荐：

- 合理安排一日三餐，定时定量，不漏餐，每天吃早餐。
- 规律进餐，饮食适度，不暴饮暴食，不偏食挑食，不过度节食。
- 足量饮水，少量多次。在温和气候条件下，低身体活动水平成年男性每天喝水1 700毫升，成年女性每天喝水1 500毫升。
- 推荐喝白水或茶水，少喝或不喝含糖饮料，不用饮料代替白水。

准则七：会烹会选，会看标签

核心推荐：

- 在生命的各个阶段都应做好健康膳食规划。
- 认识食物，选择新鲜的、营养素密度高的食物。
- 学会阅读食品标签，合理选择预包装食品。
- 学习烹饪，传承传统饮食，享受食物天然美味。
- 在外就餐，不忘适量与平衡。

准则八：公筷分餐，杜绝浪费

核心推荐：

- 选择新鲜卫生的食物，不食用野生动物。

- 食物制备生熟分开，熟食二次加热要热透。
- 讲究卫生，从分餐公筷做起。
- 珍惜食物，按需备餐，提倡分餐不浪费。
- 做可持续食物系统发展的践行者。

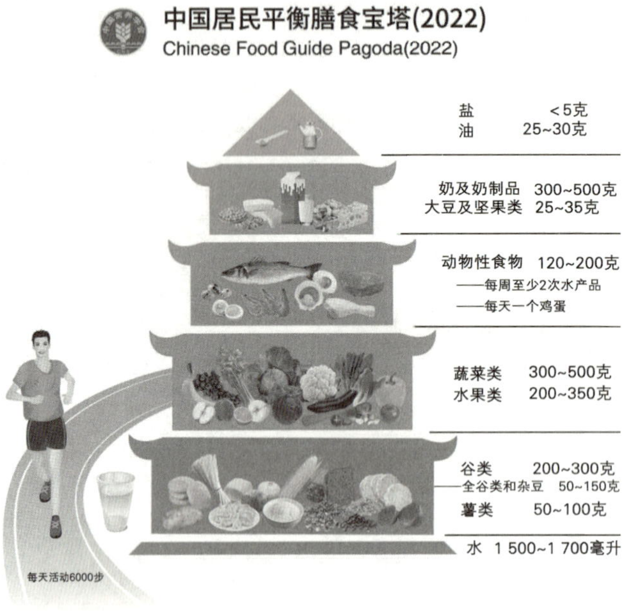

图 6-1 中国居民平衡膳食宝塔（2022）

第二节 0~2 岁婴幼儿饮食与营养

根据 0~2 岁婴幼儿生理与心理的发展特点，其饮食与营养方面更侧重保育方向。本节主要介绍 0~2 岁婴幼儿的喂养和膳食知识。

一、母乳喂养

2022 年 6 月 1 日，中国营养学会发布了《中国婴幼儿喂养指南（2022）》。国家卫生健康委员会妇幼健康司副司长沈海屏说：“出生后至满 2 周岁阶段，是生命早期 1 000 天的重要阶段。该阶段的良好营养和科学喂养是儿童近期和远期身心健康最重要的保障。”

母乳是婴儿最理想的食物。在正常情况下，纯母乳喂养能满足 6 月龄内婴儿所需要的全部能量、营养素和水。初乳（产后 7 天内分泌乳液）富含营养和免疫活性物质，具有排菌、抑菌、杀菌作用。因此，生产后 1 小时内母亲就可以让新生儿吸吮乳头，尽快获得初乳。过去的婴儿喂养中，很多母亲因为没有及时下奶而焦虑。实际上，婴儿出生时具有一定能量储备。三天内只要婴儿体重下降不超过出生体重的 70%，建议母亲坚持母乳喂养。

《中国婴幼儿喂养指南（2022）》对 0~6 月龄婴儿母乳喂养提出了具体的指导意见，归纳了 6 项准则：

（1）母乳是婴儿最理想的食物，坚持 6 月龄内纯母乳喂养。

（2）生后 1 小时内开奶，重视尽早吸吮。

（3）回应式喂养，建立良好的生活规律。

（4）适当补充维生素 D，母乳喂养不需要补钙。

（5）任何动摇母乳喂养的想法和举动，都必须咨询医生或其他专业人员，并由他们帮助做出决定。

（6）定期监测体格指标，保持健康生长。

中国 0~6 月龄婴儿母乳喂养关键推荐如图 6-2 所示。

图 6-2　中国 0~6 月龄婴儿母乳喂养关键推荐

二、混合喂养及人工喂养

混合喂养是指用母乳和其他代乳品混合喂养的方法。

人工喂养是指用牛乳、羊奶、奶粉、米糊等母乳以外的其他合理代乳品喂养的方法。

母乳喂养是最经济、效用最高的喂养方法。以上两种方法都是在母乳不足或没有的情况下不得不采用的方法。需要注意的是，不能直接选择鲜牛奶作为营养来源，因为鲜牛奶中有很多异性蛋白是婴儿无法吸收的。

奶粉出厂前经过了严格的灭菌处理。混合喂养或人工喂养前，养育者要做好灭菌工作。奶瓶和橡胶乳头可以用开水消毒。最理想的操作步骤：让奶瓶、奶嘴、奶瓶夹经沸水 10 分钟灭菌，冷却后用瓶夹把奶瓶安装好；在奶瓶中加入规定量一半的热水，再夹出奶粉罐的小匙，倒入奶粉；夹出奶嘴，盖上奶瓶，充分摇匀溶解奶粉后，取下奶嘴，将 50℃左右的热水加到规定量，冷却至体温喂给婴儿。使用完的奶瓶需要立刻清洗、消毒。

出生 1 周至 15 天的婴儿一次吃奶量为 70~100 毫升，胃口大的会达到 120 毫升。即使婴儿的吃奶量仍然不够，养育者在 15 天内也最好不要超量供应。

无论是否有母乳喂养，建议养育者都亲手抱起婴儿，进行回应式喂养。

三、辅食添加

7~24 月龄的婴幼儿，母乳仍然是其重要的营养来源，但此时母乳可提供的能量是总能量的 1/2~2/3，因此母乳中必须添加其他营养丰富的食物。

该年龄段婴幼儿由于消化系统、免疫系统的发育，感知觉及认知行为能力的发展，需要通过接触、感受、尝试来体验各种食物。辅食的添加不能一蹴而就，要让婴幼儿逐步适应并耐受多样食物，从被动接受喂养转变到自主进食。辅食添加原则：每次只添加一种新的食物，让婴幼儿适应 2~3 天，由少到多，由稀到稠，由细到粗，循序渐进。

中国营养学会发布的《7~24 月龄婴幼儿喂养指南》详细说明了辅食添加的注意事项，包含六项基本原则：

（1）继续母乳喂养，满 6 月龄起必须添加辅食，从富含铁的泥糊状食物开始。

7~24 月是贫血高发的年龄段，缺铁和缺铁性贫血会损害幼儿认知发育和免疫功能。我国 7~12 月龄婴儿铁的推荐摄入量是每天 10 毫克，其中 97%的铁需要来自辅食。因此，添加富含铁的辅食是保证婴幼儿铁需要的主要措施。

（2）及时引入多样化食物，重视动物性食物的添加。

畜禽肉、蛋、鱼虾、肝脏等动物性食物富含优质蛋白质、脂类、B 族维生素和矿物质。此类食物能够满足婴幼儿的营养需求。此外，部分养育者为了预防婴幼儿食物过敏症状，减少或不添加易过敏食物。实际上，这种行为对防止婴儿食物过敏并无明显益处。适时引入花生、鸡蛋、虾等易过敏食物，反倒可以降低婴儿的过敏风险。

（3）尽量少加糖、盐，注意油脂适当，保持食物原味。

婴幼儿的辅食需要单独制作，尽量不加盐、糖等各种调味料，使婴幼儿在与食物接触之初体验食物天然味道。这有利于提高婴幼儿对不同天然食物口味的接受度，减少婴幼儿偏食、挑食的风险，培养婴幼儿健康的饮食习惯。

（4）提倡回应式喂养，鼓励但不强迫进食。

养育者喂养时要耐心，鼓励幼儿进餐，不能强迫甚至恐吓。随着月龄的增加，养育者要注意帮助婴幼儿逐步形成与家人一致的进餐模式，并学会自主进食及遵守必要的进餐礼仪。养育者还要关注进餐环境，保持相对安静和愉悦。不宜用电视、玩具等干扰婴幼儿的注意力。婴幼儿每餐进食不超过 20 分钟。

（5）注重饮食卫生和进食安全。

为婴幼儿准备的辅食材料应安全、优质、新鲜，制作过程要生熟分开，分量适宜。养育者自身要保持良好的卫生习惯。

（6）定期监测体格指标，追求健康生长。

体重、身长、头围是反映婴幼儿营养状况的直观指标，因此每 3 个月对婴幼儿进行一次保持指标监测有利于判断其营养状况。养育者可根据测量结果和指标及时调整营养，对于营养不良的婴幼儿可适当增加检测次数。

第三节　3~6 岁学前儿童饮食与营养教育的目标

《纲要》中明确要求："幼儿园必须把保护幼儿的生命和促进幼儿的健康放在工作的首位。"学前儿童饮食与营养教育作为学前儿童健康教育的内容之一，其教育目标应遵循《纲要》对健康领域教育内容与要求的规定。

一、总目标

3~6 岁学前儿童饮食与营养教育总目标主要有以下几个：

（1）初步了解食物有不同名称、种类和特点，知道不同食物有不同营养，懂得平衡膳食的基本道理。

（2）纠正偏食、挑食、过食等行为，养成良好的饮食卫生习惯。

（3）学会独立进餐和使用餐具的方法。

（4）避免营养不良，促进生长发育和身心健康。

二、年龄阶段目标

3~6 岁学前儿童饮食与营养教育年龄阶段目标主要有：

（一）小班（3~4 岁）

（1）稍受提醒能自己洗手并把手擦干。

（2）进餐时保持愉快的情绪，愿意独立进餐。

（3）认识最常见的食物，在引导下不偏食、不挑食，喜欢吃瓜果、蔬菜等新鲜食物。

（4）进餐后，知道把桌面擦干净，并把餐具送到指定的地方，把餐巾纸以及食物残渣丢进垃圾桶。

（5）打喷嚏或咳嗽时不正对着食物。

（6）愿意饮用白开水，不贪喝饮料。

（二）中班（4~5 岁）

（1）饭前便后能主动洗手，方法正确。

（2）结合品尝经验，进一步认识各类常见食物，知道其名称和营养价值。

（3）知道食物可以根据颜色搭配，不偏食、不挑食，不暴饮暴食。

（4）打喷嚏或咳嗽时能转过头去，不对着食物和人。

（5）能用抹布把桌子抹干净。

（6）常喝白开水，不贪喝饮料。

（三）大班（5~6 岁）

（1）饭前便后坚持洗手，方法正确。

（2）初步理解不同的食物有不同的营养，身体需要各种营养。

（3）能根据食物颜色、荤素搭配食物，合理进食，细嚼慢咽。

(4) 会使用筷子。

(5) 打喷嚏或咳嗽时能掩住口鼻。

(6) 能用抹布或纸巾按照一定的方向把桌子擦干净。

(7) 主动饮用白开水，不贪喝饮料。

第四节 3~6 岁学前儿童饮食与营养教育的内容

一、主要内容

3~6 岁学前儿童饮食与营养教育的内容主要有以下几个方面：

(1) 良好的进餐习惯：情绪愉快，爱吃各种食物，按时进餐，少吃零食，不挑食、不偏食，细嚼慢咽，及时吃完，尽可能保持桌面干净。

(2) 饮食卫生：餐前洗手，不食不洁食物。

(3) 主动饮水，少吃冷饮。

(4) 知道各类常见食物（包括奶类、谷类、蛋类、鱼肉类、蔬菜类、水果类、豆类及其制品）的名称及作用。

(5) 知道不同的食物有不完全相同的营养素，身体需要各种营养素。

(6) 具备自我控制饮食的初步意识。

(7) 知道有些食物儿童不宜吃。

(8) 知道筷子的正确使用方法，具有独立进餐的能力。

二、内容选择的原则

3~6 岁学前儿童饮食与营养教育内容选择的原则主要有以下几个：

（一）整合原则

幼儿的学习是综合的、整体的。在教育过程中教师应依据幼儿已有经验和学习的兴趣与特点，灵活、综合地组织和安排各方面的教育内容，使幼儿获得相对完整的经验。

学前儿童饮食与营养教育与生活自理、身体保健等活动类型相联系，即从健康领域的关键经验来说，本领域的各类型活动具有整合性。另外，不同领域之间也自然地整合、相互渗透。如在系列活动“蔬菜大联盟”中，幼儿了解芹菜的营养价值的同时，也在种植区获得了生物科学的相关概念和关键经验。因此，为学前儿童选择饮食与营养教育内容的时候，教师应注意整合性，切忌人为割裂有益于幼儿发展的整体经验。

（二）序列原则

教师考虑学科知识逻辑的同时应关注幼儿的认知发展。如，总目标中“知道不同食物有不同营养，懂得平衡膳食的基本道理”，是在认识各种食物的基础之上实现的。因此，在选择教育内容的时候教师要关注前后经验的逻辑顺序和连续性。

（三）可行原则

3~6岁学前儿童饮食与营养教育内容首先应与幼儿的接受能力相吻合，即应与幼儿的身心发展和生活经验相关。学前儿童健康教育的本质是生活教育。学前儿童饮食与营养教育的出发点和归宿都是培养幼儿健康的饮食行为。因此，教育内容的选择要源于幼儿生活中切实可见的经验，教育实施才能真正地实现最终目标。

第五节　3~6岁学前儿童饮食与营养教育活动设计

一、实施途径

（一）日常生活中的教育

《指南》明确提出："幼儿的学习是以直接经验为基础，在游戏和日常生活中进行的。"陈鹤琴先生也说过：儿童离不开生活，生活离不开健康教育；儿童的生活是丰富多彩的，健康教育也应该把握时机。

学前儿童饮食与营养教育脱离不了幼儿日常生活。例如，进餐前教师问小朋友："看看今天厨房的叔叔阿姨给小朋友做了什么好吃的。红颜色的有吗？绿颜色、白颜色、黑颜色的有吗？"幼儿在观察、猜测的过程中，不仅能感知食物有各种各样的颜色，对食物感兴趣，还能明白吃饭要吃多种颜色的食物。

（二）创设健康的环境

《纲要》指出："幼儿园应为幼儿提供健康、丰富的生活和活动环境，满足他们多方面发展的需要，使他们在快乐的童年生活中获得有益于身心发展的经验。"

首先，幼儿园要重视创设健康的物质生活环境。如采购新鲜的食材、制定合适的食谱、就餐时播放轻音乐等。

其次，幼儿园还要积极创设健康的心理生活环境。《指南》指出："营造温暖、轻松的心理环境，让幼儿形成安全感和信赖感。"教师应重点关注和谐的班级氛围、平等的师幼关系和互帮互助的家园关系的创设。

（三）与其他领域活动的相互渗透和融合

《指南》要求教育者要关注幼儿学习与发展的整体性。教师要注重领域之间、目标之间的相互渗透和整合，促进幼儿身心全面协调发展，而不应片面追求幼儿某一方面或几方面的发展。幼儿饮食与营养教育和其他领域活动的相互渗透与融合也是促进幼儿发展的需要。如在《大公鸡和漏嘴巴》的阅读活动中，幼儿既发展了对故事作品的理解能力，也学习到了专心进餐的重要性，有助于养成良好的进餐习惯。

（四）专门的健康教育活动

饮食与营养教育中有一些幼儿不太容易理解的健康常识、不太容易掌握的健康行为，教师只有通过有计划、有目的的活动设计，才能更好地引导、启发幼儿探索、理解、掌握。专门的健康教育活动内容既可以是预先设计的，也可以是生成的。例如，在春节期间幼儿容易暴饮暴食、饮食不均衡、不按时吃饭等。根据幼儿的实际情况，教师可提前开展专门的饮食与营养教育活动。

二、组织方法

（一）动作与行为练习

幼儿需要对已经学过的基本动作、基本生活技能进行反复练习，从而加深理解，形成稳定的动作、行为习惯。如有研究者发现，幼儿餐前洗手的习惯是在学习与早期重复的经验中建立的。因此，在饮食与营养教育中，很多必需的生活技能和健康行为须在教师和家长的具体指导下反复练习才能被幼儿真正掌握。

（二）讲解演示

幼儿思维以直觉行动思维和具体形象思维为主。在饮食与营养教育中，教师讲解粗浅的饮食与营养知识需要借助直观的身体动作、实物或模型。例如，在讲解食物的营养价值、人体的消化系统时，可以借助简易的图谱。

（三）情景表演

生活中遇到的问题可以通过情景表演的方式再次呈现。由于内容源于幼儿的现实生活，情景表演容易引起幼儿的兴趣，激发其探讨的积极性，从而能较好地帮助幼儿认识生活中的问题和冲突，知道什么才是健康的行为。如，师幼共同表演暴饮暴食，能让幼儿学会分析、判断，进而懂得“有些食品儿童不宜吃太多”“合理进食”的道理。

（四）讨论评议

教师要给幼儿提出问题、发表意见、得出结论的机会，让幼儿表达自己真实的想法，鼓励幼儿对他人的言行加以评价，从而增强幼儿判别是非的能力。如教师就“蔬菜的好处”让幼儿讨论，提高幼儿对蔬菜的认识水平，改善幼儿对蔬菜的态度，培养幼儿主动吃蔬菜的习惯。

（五）感知体验

教师在介绍各种有营养的食物时，让幼儿看一看、摸一摸、尝一尝，能够激发幼儿的兴趣，吸引他们的注意力。如幼儿制作食物前亲手把蔬菜表面的泥土冲掉，更能体会到“不食不洁食物”“饭前洗手”的重要性。

（六）利用多媒体技术

多媒体一般包括文本、声音和图像等多种形式。多媒体能够把各种媒体的功能科学地整合，让使用者得到的信息更加直观生动。学前儿童饮食与营养教育中最常用的是教学一体机、广播等。通过播放幼儿喜欢的动画，传递健康的饮食与营养知识，有利于培养幼儿健康的饮食、营养行为。当然，教师在使用多媒体技术时要考虑时长。幼儿过长时间地沉迷于多媒体技术，不仅影响身体发育和视力，还会导致意志消沉、习惯于被动依赖式学习而懒于思考。

三、设计思路

（一）遵循学前儿童健康教育的规律

学前儿童健康教育有其特殊的规律。只有把握这些规律，才能取得健康教育的预期效果。

1. 学前儿童健康教育具有一定的复杂性

健康教育是传播健康知识，改善健康态度，促使人们自愿地采取有利于健康的行为，从而提高生命质量的教育活动。但是，幼儿对健康的认识、态度及其行为三者之间并不存在必然的因果关系，如幼儿即使已经明白了饭前洗手的道理，也会出现不洗手的情况。不过，幼儿掌握的健康知识越多，产生某种对健康有益的行为的可能性就越大。此外，幼儿对健康所持的态度是健康知识能转化为健康行为的关键。

因此，在进行学前儿童健康教育的过程中，教师必须丰富幼儿的健康知识，改善幼儿对健康的态度，教给幼儿促进健康的方法，训练幼儿保持健康的行为。

2. 利用良好的学前儿童群体开展健康教育

社会心理学把群体对个体的积极影响称为社会助长作用。有研究者认为他人在场可以增强个体在简单任务中的优势反应。因此，实施集体教育的幼儿园是进行健康教育的有利场所。同时，就培养多种健康行为习惯而言，改变群体的行为习惯比针对某个幼儿的方法更有效。

3. 学前儿童健康教育必须反复进行、坚持不懈

学前儿童常常表现出短期内建立某种健康行为，但不能长期坚持。如幼儿明白并学会了饭前洗手、饭后漱口，但随着认识的淡化或其他因素的影响，幼儿很快就会改变已形成的健康行为。因此，学前儿童健康教育要反复进行，并结合幼儿的经验在原有基础上提高要求。只有坚持不懈地开展学前儿童健康教育活动，健康教育的效果才能真正得到体现。

（二）设计思路

1. 活动目标

具体活动目标是饮食与营养教育总目标及年龄阶段目标的细化，也是教师在实施学前儿童饮食与营养教育中的具体要求。

因此，具体活动目标表述应简明清晰、准确具体。内涵不宜过大，条目不宜过多，两至三条即可。目标过大或过多都意味着无法达成。需要注意的是，目标内容要指向幼儿的认知、态度和行为，不要有顾此失彼的情况。

如中班活动“今天你喝牛奶了吗?”修改前的目标如下：

① 认识各种乳类食品如牛奶、酸奶等。

② 让幼儿懂得喝牛奶有利于身体健康。

③ 培养幼儿喝牛奶的良好习惯。

上述目标主要存在三个问题：

第一，目标①中“认识各种乳类食品”在实践中可能较难实现，因为受到地区、风俗习惯的制约，师幼一般难以收集到所有种类的乳类食品。

第二，三条目标表述角度不一致，目标①是发展目标，目标②和③是教育目标。活动目标要统一表述方式，且以发展目标为宜。

第三，目标②中“喝牛奶有利于身体健康”表述过于笼统，没有用通俗语言揭示牛奶的特殊营养价值。目标③表述过大，因为一次活动很难培养幼儿的习惯。

上述目标可修改为：

① 认识牛奶，了解喝牛奶有利于牙齿和骨骼的生长。(认知)

② 通过参与收集乳类食品外包装的活动，激发每天喝牛奶的愿望。(态度与行为)

2. 活动准备

活动准备是活动顺利进行的保障，一般包括物质准备和经验准备。

物质准备主要准备的是活动过程必需的工具、材料以及与之匹配的环境等。

经验准备是指活动主体具有与该活动相关的经验等。从教学主体来说，这里的经验包括教师经验和幼儿经验。

3. 活动过程

活动过程是具体的活动组织与实施的重要环节。设计和撰写方案时需要注意以下几点：

(1) 解决问题，获得发展。

学前儿童的饮食与营养教育是生活的教育，活动来源必然是幼儿在生活中遇到的问题。因此，教师必须真正了解幼儿的经验和需要，再设定活动目标。活动过程要紧密围绕活动目标，通过解决真实的问题使幼儿得到发展。如，教师发现本班幼儿普遍不爱吃萝卜，然而萝卜的营养价值很高，因此教师设计了"萝卜品尝会"活动，通过"买萝卜""认识萝卜""凉拌萝卜"等环节让幼儿获得关于萝卜的健康知识，改变对萝卜的态度。

(2) 适时提问，启发幼儿思考。

活动过程中教师的语言特别是适时的提问能够启发幼儿思考。

案例

游戏"买萝卜"实录片段

师：小朋友们看一看，这里有些什么萝卜？

幼：红萝卜（白萝卜、洋花萝卜）。

师：哪一个是洋花萝卜？

（幼儿指出洋花萝卜）

（幼儿根据教师的要求又指出白萝卜）

（但幼儿随即把胡萝卜说成红萝卜，于是教师进一步引导）

师：这是什么萝卜？（指着胡萝卜）

幼：红萝卜？

师：是红萝卜吗？

从上述活动实录中我们可以看出，无论是预设的问题"这里有些什么萝卜""哪一个是洋花萝卜"，还是生成的问题"这是什么萝卜"，都是为了实现目标——通过观察、比较，认识生活中常见的几种萝卜。

另外，在撰写活动方案时教师应注意活动过程主要体现重要环节和关键提问，最终都指向解决问题、获得发展、实现目标，因此不宜有过多的口头禅表达。如"小朋们呀，今天老师给小朋友们带来了好多礼物，你们想不想看一看呀"，此类表述累赘不清，不利于阅读也无法体现重点。

(3) 综合运用多种方法，增强教育效果。

学前儿童饮食与营养教育常见的几种教育方法上文已说明，此节不再赘述。

讲解演示法在具体活动实施中较为常见。此种方法对教师来说最为便捷、直接。但幼儿园的教育活动要充分考虑幼儿的学习特征。如前述案例，幼儿不喜欢吃萝卜，若幼儿园开展"萝卜营养宣讲会"，效果只会事倍功半。采用幼儿最喜欢的游戏形式，设计情景，让幼儿认识萝卜、品尝萝卜，综合利用各种方法，更有利于增强教育效果。

（4）重视小结和总结环节，帮助幼儿归纳、总结经验。

小结和总结环节是对某个环节或整个活动流程的要点进行归纳，能帮助幼儿提升经验水平。

案例

教学片段：了解幼儿不吃虾的原因

师：我把你的调查表给你。你来说一说，你吃虾子的时候遇到了什么困难？

（幼儿说明自己的困难）

师：那有什么办法可以解决呢？到底怎样才能把虾壳顺利地剥掉呢？

（幼儿尝试回答）

教师小结：我们可以先把虾头拧掉，再剥虾壳，尽量不要去碰尖尖的刺，最后用手指把背上长长的虾线抠掉。

需要注意的是，小结不是对幼儿答案的简单复述，总结也不是对过程的重复演绎。小结和总结要紧紧围绕活动目标，帮助幼儿提炼关键经验。

4. 活动延伸

活动延伸是在饮食与营养教育活动中围绕本次主题与目标活动，在活动结束后安排相关的内容巩固幼儿的经验。从延伸的空间来说，延伸活动可以分为幼儿园内的延伸活动和幼儿园外的延伸活动。

幼儿园内的延伸活动类型大致包括其他环境创设、区域活动、生活活动、户外活动、教学活动等。如“剥虾壳”活动结束后，教师可以在泥工区组织幼儿开展“好吃的虾子”制作活动。

第六节　学前儿童饮食与营养教育活动案例

本节将列举几个案例来综合展示学前儿童饮食与营养教育活动设计。

案例1

小班饮食与营养教育活动——咪咪吃鱼

【基本思路】

（一）活动来源

经常食用鱼类有助于幼儿的大脑发育，然而，有的幼儿因小时候被鱼刺卡过，现在一看到鱼就说不会吃、不要吃，有的虽没有被鱼刺卡过，但听了家长的告诫，也对吃鱼充满恐惧。

（二）活动环节

1. 进入游戏情境，激发吃鱼的兴趣。
2. 了解鱼骨的基本结构和鱼肉的吃法。
3. 梳理吃鱼的方法和步骤。

4. 在进餐活动中积累吃鱼的实践经验。

（三）教育价值

减少对吃鱼的恐惧，了解鱼骨的基本结构，学习吃鱼的方法。

（四）活动难点

本次活动的难点在于让幼儿学会剔除鱼刺的方法，从而在进餐中学会自己吃鱼。

【设计与实施】

（一）活动目标

1. 知道鱼肉嵌在鱼骨之间，学习剥除小刺，再从鱼骨头之间把鱼肉咬出。

2. 在游戏中体验吃鱼的方法，乐意参与，并从中感受到乐趣。

3. 做到进餐时“吃饭不吃鱼，吃鱼不吃饭”。

（二）活动准备

1. 经验准备：幼儿有食用带鱼的经验。

2. 物质准备：海绵纸制作的大鱼、烹调好的熟带鱼（人手一份）、毛巾。

3. 餐桌上已经贴好正确吃带鱼的示意图。

（三）活动过程

1. 创设游戏情境，邀请幼儿一起来吃鱼。

师：小猫们，今天“妈妈”烧了你们最爱吃的红烧鱼，快来吃吧！

幼儿在教师的带领下走到“餐桌”前，面对“大鱼”依次坐下。

2. 了解鱼骨的基本结构。

（1）师：鱼身上什么能吃？什么不能吃？

（2）师：鱼刺是什么样的？你能找到鱼刺吗？

幼儿从自制的大鱼学具上找出“鱼肉”里的“鱼刺”。

（3）师：找找看哪里还有鱼骨头，摸起来感觉怎么样？

幼儿找到“鱼肉”中间的“鱼骨”，感知鱼骨的形状以及在鱼肉中的位置。

小结：鱼骨在鱼身上的各个部位，不同部位的鱼骨的形状也不一样。鱼身中间的鱼骨粗粗的，像圆柱体。旁边的鱼骨细细长长，尖尖的，我们平时都叫它鱼刺。

3. 学习吃鱼的方法。

（1）师：鱼肉里有这么多鱼骨头，应该怎么吃呢？现在猫妈妈把鱼分给你们，你们试一试怎么拿又方便又安全。

幼儿手拿一段“鱼块”，尝试用手捏住“鱼骨”的两端。

（2）教师捏住鱼骨两边，横拿鱼块，再把两边的刺拔出。幼儿和教师一起模仿吃鱼的动作。

（3）梳理吃鱼的方法。

师：小猫们想不想再吃点鱼？你可以自己试一试。

幼儿反复操作“大鱼”学具。教师指导：吃鱼时先找到中间粗的圆柱一样的鱼骨，用手捏住两边，横着拿；再把两边的鱼刺拔掉；最后轻轻地把鱼肉顺着鱼刺剥下来。

4. 在午餐活动中，积累吃鱼的实践经验。

师：今天我们的午餐就是红烧带鱼。小猫们，请你们用刚学会的方法来吃鱼。

教师组织幼儿洗手，做餐前准备，提醒幼儿餐桌上贴有吃鱼的方法。

【评价反思】

（一）活动亮点

1. 游戏情境的创设适合小班幼儿的年龄特点。解剖真实的鱼不仅不卫生，而且幼儿难以接受。使用教师自制的“大鱼”学具，不仅符合幼儿的心理特点，也增强了学习中的操作性。幼儿乐此不疲地剔鱼刺充分说明幼儿的学习兴趣得到了较大程度的激发。

2. 健康活动的开展立足幼儿生活中现实问题的解决。这个活动开展的时间选在了午餐前，让幼儿在吃鱼前消除害怕的心理，变得愿意吃鱼，从而让健康教育落到实处。

（二）活动不足

烹调带鱼时调料用得过多且糊在鱼表面，有点妨碍幼儿辨别鱼骨的位置。

（三）活动建议

1. 改进带鱼的烹调方法，减少调料，以利于幼儿更清楚地看到带鱼的鱼骨和鱼肉。

2. 少数还不能自己独立吃带鱼的幼儿可以进一步操作“大鱼”学具，以利于在生活中迁移经验。

【模拟授课演示】

小班健康教育活动——咪咪吃鱼

案例 2

中班饮食与营养教育活动——做汤圆

【基本思路】

（一）活动来源

自从幼儿园的“生活坊”投入使用以来，幼儿很喜欢，也乐于参加食物制作活动。但幼儿的动手机会还不充分，多数有难度的操作（如切、包、烧等）是由教师和家长志愿者完成的，幼儿只进行简单的操作（如拌、剥等）和品尝。看得出来，幼儿很渴望参与食物制作的全过程。

（二）活动环节

1. 讨论、探索制作有馅汤圆的方法。

2. 分组探索制作有馅汤圆。

3. 品尝、收拾、整理。

4. 总结、分享。

（三）教育价值

1. 主动探索将馅料包入汤圆的各种方法，具有初步的探索精神。

2. 乐意参加炊事活动，知道包汤圆的步骤，有初步的自我保护意识。

（四）活动难点

自主探索将馅料包入汤圆的方法。

【设计与实施】

（一）活动目标

1. 自主探索制作有馅汤圆的方法，尝试自制有馅汤圆。

2. 借助流程图，有序操作，有一定的安全意识。

3. 尝试与同伴合作进行炊事活动，体验操作以及成功带来的乐趣。

（二）活动准备

经验准备：幼儿已经进行过搓汤圆活动，已经掌握基本的搓汤圆、下汤圆的方法。

物质准备：

1. 教师已经揉好的糯米面若干，自制汤圆馅料若干。

2. 汤圆制作流程图、黑板。

3. 盘子、碗、汤勺、小勺、锅、毛巾若干。

4. 教师和幼儿每人一条围裙。

（三）活动过程

1. 引导幼儿回忆自制汤圆的方法，出示流程图。

（1）教师提问：上周我们在生活坊里制作了汤圆，我们是怎么做的？

（2）教师结合幼儿的回答，出示流程图，引导幼儿回忆制作步骤。

2. 教师出示准备好的汤圆馅料，引导幼儿讨论、探索有馅汤圆的制作方法。

（1）提问：上次我们做的是没有馅的汤圆，你们吃过有馅的汤圆吗？你吃过哪些有馅料的汤圆？

（2）教师出示馅料，提问：我们今天也要做有馅汤圆。厨房的师傅已经为我们准备好了汤圆的馅料。想一想，我们怎样把馅料包入汤圆里，并且保证煮的时候馅料不会从汤圆里漏出来呢？

（3）幼儿自由讨论。

（4）教师：你可以和你的好朋友一起想想有馅汤圆的制作方法。想一想，这次我们做的是有馅料的汤圆，因此在分面团的时候，面团分多大才合适呢？

3. 幼儿进入操作区，自主探索有馅汤圆的做法。

4. 教师巡回指导，适时给予幼儿帮助。

5. 幼儿到品尝区品尝汤圆。

6. 教师和幼儿清理餐具和台面。

7. 总结、分享，结束活动。

（1）教师提问：自己做的汤圆好吃吗？你是用什么方法包汤圆馅的？你成功了吗（你遇到了什么困难）？

（2）幼儿自由讨论。

（3）收拾整理，回活动室。

三、评价反思

（一）活动亮点

1. 基于幼儿前一次活动的经验，教师将第二次活动的重点放在了自主探索制作有馅汤圆上。在这次活动中，教师基本能够大胆放手，从头至尾都是以一个观察者、支持者的角色出现。对于“怎样把馅料包入汤圆里，并且保证煮的时候馅料不会从汤圆里漏出来”这一点，幼儿纷纷自主尝试，使用了多种方法来完成。他们积极、主动，绝大多数幼儿都能专注于自己的操作。同时幼儿明显比上一次更加熟练、有序，并且在组内同伴间遇到矛盾时也能迁移上次的讨论经验，尝试协商解决了。活动目标基本达成。

2. 幼儿乐意参与活动，能够发挥主动性，积极尝试，有一定的安全意识。

（二）活动不足

1. 个别幼儿过于兴奋，以致不能专注于自己的操作。

2. 活动中的一些规则使得活动流程稍显烦琐，如讨论区、操作台与餐桌的交替使用。

（三）活动建议

1. 活动空间的使用可做适当的调整，将讨论区、操作区、品尝区有机结合起来，让活动场地发挥最大作用，增强幼儿学习效果。

2. 与家庭结合，加大向家长宣传的力度，鼓励家长在家中为幼儿创设合适的劳动环境。

案例 3

大班饮食与营养教育活动——神奇的大口袋

【基本思路】

（一）活动来源

本次活动的开展源于大班幼儿的实际情况，即在春节期间易暴饮暴食，而且饮食搭配不均衡，不按时吃饭等。

（二）活动环节

教师 1 扮演“大口袋妈妈”，教师 2 为配班老师。

1. 幼儿自选一个“食物宝宝”标志戴好，进入活动情境。

2. 情境体验：食物的旅行。

情境 A：“食物宝宝”争相进入“食道”。“大口袋妈妈”“噎”得很难受。“食物宝宝”停止进入。

情境 B：“食物宝宝”有序地进入“食道”。当所有“食物宝宝”都汇聚在胃里的时候，“大口袋妈妈”再次感觉很拥挤，很难受。“食物宝宝”退出。

情境 C：“食物宝宝”按照早、中、晚餐的搭配分成三组，依次有序地进入，在“大口袋”中模拟消化蠕动，然后经过小肠、大肠排出体外。

情境 D：“膨化食品宝宝”来了，它也想进到“大口袋”里，等待“大口袋妈妈”和“食物宝宝”们的反应。

3. 小结：吃得太多太快会损害“大口袋妈妈”的健康。小朋友们吃饭时要细嚼慢咽，定时适量，这样才对身体有好处。

【活动难点】

如何形象具体地引导幼儿认识到定时适量的饮食对身体有益。

【活动实施】

（一）活动目标

1. 初步了解食物的消化过程。

2. 通过集体讨论和情境体验的方法，懂得细嚼慢咽、定时适量进食的好处。

3. 尝试用肢体动作来表现食物在胃里的蠕动，感受集体活动的快乐。

（二）活动准备

1. 经验准备：已经初步了解人体消化系统的名称和功能。

2. 物质准备：以幼儿座椅摆放成的“大口袋妈妈的胃”，早、中、晚三餐的举牌，食物标志（人手一份）。

（三）活动过程（实录）

1. 幼儿自选一个“食物宝宝”的标志戴好，进入活动情境。

师 1：我是神奇的“大口袋妈妈”。

幼：“大口袋妈妈”好！

幼：我们都是可爱的“食物宝宝”。

师 1：“食物宝宝”好。我来看看你们都是哪些“食物宝宝”。

幼 1：我是“龙虾宝宝”。

幼 2：我是“萝卜宝宝”。

幼 3：我是“荷包蛋宝宝”。

幼 4：我是“面包宝宝”。

幼 5：我是“西瓜宝宝”。

幼 6：我是“菠萝宝宝”。

…………

师 1：你们都是我喜欢的“食物宝宝”，想不想钻到我的“大口袋”里来旅行？

师 2：“食物宝宝”们，我们赶快钻进去吧，开始快乐旅行了！

（“食物宝宝”全部涌入“大口袋”）

师 1：哎哟！慢一点儿啊！停一停！（教师做肚子难受状）

师 2：怎么办？

幼 1：退出去。

幼 2：吐出来。

师 2：到底是出去还是出来？

幼：出去。

师 1：刚才你们太快了，挤得我喘不过气来。

师 1：我们吃东西该怎么办？能不能拼命地吃？

幼：不能。

师 1：对，吃得非常快，会把喉咙挤得喘不过气来。

师 1：记住每次吃东西要细嚼慢咽。你们想不想被“大口袋妈妈”吐出去？

幼：不想。

师 1：那“大口袋妈妈”请知道细嚼慢咽的宝宝先进去。

2. “食物宝宝”有序地进入食道。当所有的“食物宝宝”都汇聚在里面时，“大口袋妈妈”感觉很拥挤很难受，十分痛苦。

（“食物宝宝”们有序进入“大口袋”。“大口袋”越来越大了）

师 1：哎呀，胀死了，我的胃太难受了。怎么办？

幼 1：吐。

幼 2：大便。

师 1：但是我还没有来得及磨碎。

幼 1：吃得太多了。

幼 2：磨碎再吃。

幼 3：瘦肉最难磨碎。

师 1：那怎么让所有的食物都和“大口袋妈妈”做朋友呢？

幼 1：早上吃一半，晚上再吃一半。

幼 2：晚上吃得太多，肚子会胀。

师 1：早上吃，晚上吃，中午吃不吃？

幼 1：买来的东西，吃不完，留一点儿午睡起来再吃。

幼 2：少买一些。

师 1：那我们每天吃几次？

幼：早上吃，中午吃，晚上吃，还要吃点心。

师 1：你们想和谁一起做早餐、做午餐、做晚餐？

3. “食物宝宝”自主分成几组，依次有序地进入，在“大口袋”中模拟消化的动作，然后从“大口袋”的另一端出去（食物经小肠、大肠排出体外）。

师 2 出示早餐、中餐、晚餐的标志。“食物宝宝”自主分组。师 1 指导，并让分好组的“食物宝宝”手拉手围成圆圈。

师 1：茄子是什么菜？

幼：素菜。

师 1：肉是什么菜？

幼：荤菜。

师 1：西瓜是什么？

幼：水果。

师 1：你们分好组了，我看看。早餐有面包、鸡蛋、黄瓜；午餐有面条、茄子、红烧肉、青菜；晚餐有龙虾、胡萝卜、米饭、鸡腿、西瓜。哦，还有点心。“食物宝宝”们，你们分得真好。让我们去旅行吧。

（“食物宝宝”们在三餐标志的引导下去大口袋里“旅行”）

师 1：是不是吃完早餐马上就吃中餐呢？

幼：中间要隔一段时间。

师 1：早上醒来，我的肚子好饿。

（“早餐宝宝”有序进入）

师 1：“大口袋妈妈”慢慢地把食物磨得越来越小。然后食物进入小肠。小肠是做什么的？

幼：吸收营养的。

师 1：然后食物进入大肠，再被排出体外。

（这时，“薯片宝宝”走过来，大声喊：“我也要进来！”）

师 1：“食物宝宝”们，薯片可以进来吗？

幼：不可以。

师 1：为什么啊？

幼 1：太咸了。

幼 2：因为它是零食，会导致咳嗽、上火。

师 1：对，薯片吃多了对身体不好，所以我们暂时不让薯片进来。

4. 小结。

师 1：小朋友们以后吃饭时不仅要细嚼慢咽，而且不要吃太多零食，否则对身体不好。

（四）活动效果

本次活动使幼儿初步了解了食物消化的过程，知道了适量进食、细嚼慢咽才对身体有利，基本达到了教育效果。本活动有益于幼儿养成良好的饮食习惯。幼儿参与性强，气氛活跃。

（五）活动反思

1. 活动亮点：

（1）本次活动创意好：以情境体验的方式，注重幼儿在活动中的感受；利用椅子摆成人体消化器官（主要是胃）的形状，形象生动，利于幼儿学习。

（2）教师善于调动幼儿的积极性和主动性。

2. 活动不足：

（1）活动过于强调三餐分组，但教师没有让幼儿对一日三餐有整体认识，导致每个幼儿只关注自己（如只关注自己的早餐），不关注别的餐点。

（2）教师1、教师2的角色调换后，效果并不理想，配合不够默契。

3. 改进建议：

（1）教师要让幼儿对三餐搭配有整体认识，能够进行简单的荤素搭配、干稀搭配或颜色搭配等。

（2）三餐分好后教师可只做简单提示，如提示“现在是中午了，妈妈肚子饿了”，让“午餐宝宝”主动进入“大口袋”旅行。

思考与练习

一、单选题

1. 长期缺乏（　　）不会出现临床症状，但会导致劳动率、抵抗力下降等。

A. 矿物质　　B. 维生素　　C. 脂类　　D. 蛋白质

2. 缺乏（　　）的主要表现是虚弱，腹腿部水肿，表情淡漠，头发变色、变脆、易脱落，生长滞缓等，同时易感染其他疾病。

A. 矿物质　　B. 维生素　　C. 脂类　　D. 蛋白质

3.《0~6月龄婴儿母乳喂养指南》给出了母乳喂养的六项基本原则，母乳是婴儿最理想的食物，要坚持（　　）内纯母乳喂养。

A. 6月龄　　B. 4月龄　　C. 1月龄　　D. 12月龄

4. 出生1周至15天的婴儿一次吃奶量在（　　）之间，胃口大的会达到120毫升，仍然不够的在15天内也最好不要超量。

A. 100~120毫升　　B. 20~50毫升

C. 50~70毫升　　D. 70~100毫升

5.（　　）的幼儿能够使用筷子进餐，饭后能用抹布按照一定方向把桌子擦干净。

A. 中班　　B. 小班　　C. 大班　　D. 以上都对

二、判断题

1. 水是人身体重要的组成部分。在日常生活中，教师应提醒幼儿尽可能地多喝水，越多越好。（　　）

2. 他人在场可以增强个体在简单任务中的优势反应，所以教师要重视幼儿园集体健康教育活动的价值。（　　）

三、简答题

1. 简述3~6岁学前儿童饮食与营养教育的总目标。

2. 简述 7~24 月龄婴幼儿的辅食添加原则。

四、活动设计题

请针对幼儿挑食、偏食行为，结合健康饮食原则，为大班幼儿设计一个合理的活动方案，要求写出活动名称、活动目标、活动准备、活动过程、活动延伸。

第七章

学前儿童安全教育活动设计

【学习目标】

1. 熟悉学前儿童安全教育的目标和内容。
2. 能够初步设计学前儿童安全教育活动。
3. 掌握学前儿童安全教育的实施途径和方法。

第一节 学前儿童安全教育的目标与内容

案例

5 月的一天是轩轩的生日，她带来了圆形的各色糖果与小朋友一起分享她生日的快乐。在离园前，教师和小朋友们为她举行了一个小小的生日会。大家唱生日歌、道生日祝福。最后，轩轩将糖果送给每一位小朋友。当家长来接孩子回家的时候，孩子们纷纷举着糖果欣喜地说："这是小朋友过生日，送给我的糖。"还有的孩子走出教室门就急忙拆开糖果送进嘴里，边吃边奔跑下楼。过了一会儿，轩轩的妈妈匆忙走进教室，对教师说："刚刚发生了一件非常吓人的事情，轩轩在玩滑梯的时候，糖卡在嗓子了，脸一下子通红。我赶紧叫她弯腰，拍她的背。她咳了好几下才把糖吐出来。"

安全是学前儿童健康成长的根本保障。学前儿童生活的环境中存在着诸多被成人关注到或未被关注到的安全隐患。此外，学前儿童具有探索周围世界的强烈欲望，但由于自身缺少生活经验，对身边的危险认识不足，缺乏自我保护的意识和能力，他们极易受到意外伤害。因此，对学前儿童开展安全教育活动显得尤为重要。

一、学前儿童安全教育的目标

（一）学前儿童安全教育的总目标

学前儿童安全教育目标是家长、教师组织安全教育活动的宗旨，是安全教育工作的出发点和归宿。《3 岁以下婴幼儿健康养育照护指南（试行）》中指出："预防伤害是养育人的基本责任，对婴幼儿一生的健康至关重要，也是帮助婴幼儿养成安全意识和行为习惯的重要内容。"《纲要》规定的学前儿童安全教育目标是"知道必要的安全保健常识，学习保护自己"。《指南》提出学前儿童健康领域的目标之一是学前儿童应"具备基本的安全知识和自我保护能力"。

学前儿童安全教育的总目标可归纳为：

（1）获得有关安全和促进健康的基本知识。

（2）具有自我保护和自我防护意识。

（3）具备一定的自我保护能力，掌握简单的自护自救方法。

（二）学前儿童安全教育年龄阶段目标

《指南》中对"具备基本的安全知识和自我保护能力"的目标分年龄段进行了具体的阐述（表 7-1）。

表 7-1　学前儿童安全教育年龄阶段目标

3~4 岁	4~5 岁	5~6 岁
1. 不吃陌生人给的东西，不跟陌生人走 2. 在提醒下能注意安全，不做危险的事 3. 在公共场所走失时，能向警察或有关人员说出自己和家长的名字、电话号码等简单信息	1. 知道在公共场合不远离成人的视线单独活动 2. 认识常见的安全标志，能遵守安全规则 3. 运动时能主动躲避危险 4. 知道简单的求助方式	1. 未经大人允许不给陌生人开门 2. 能自觉遵守基本的安全规则和交通规则 3. 运动时能注意安全，不给他人造成危险 4. 知道一些基本的防灾知识

二、学前儿童安全教育的内容

安全的养护教育环境对学前儿童十分重要。食品、药品、用品等关系着学前儿童的健康成长，其安全问题不可忽视。意外伤害如高处坠落、猫狗咬伤、异物入体、触电、溺水等都是危及学前儿童健康乃至生命的重大问题。学前儿童安全教育涉及的内容主要有交通安全、防触电、防溺水、消防安全、食品药品安全、生活安全等。

（一）交通安全教育

（1）认识交通标志，如红绿灯、人行横道线，并且知道这些交通标志的意义和作用。

（2）了解基本的交通规则，如红灯停，绿灯行，行人、车辆各走其道，上街走路靠右行，不在马路上踢球、玩滑板车、奔跑、做游戏，不横穿马路等。

（3）初步形成交通安全意识，养成遵守交通规则的良好习惯。

（二）防触电、防溺水教育

（1）不摆弄电器，不拉电线，不用剪刀剪电线，不用小刀刻画电线，不将铁丝等插到电源插座里，等等。

（2）认识到一旦发生触电事故，不能去拉触电的人，而应及时切断电源，或者用不导电的东西挑开电线。

（3）认识到不能私自到河边玩耍，不能私自到河里游泳。

（4）认识到不能将脸闷入水中。

（5）认识到当同伴失足落水时，要及时就近叫成人来抢救。

（三）消防安全教育

（1）懂得玩火的危险性，并懂得基本的安全用火常识，如不玩打火机、蜡烛，不在室内燃放烟花爆竹等。

（2）掌握简单的自救技能，如：一旦发现火灾发生，就马上逃离火灾现场，并及时告诉附近的成人。当火灾发生，自己被烟雾包围时，立即用防烟口罩或湿毛巾捂住口鼻，并趴在地上，在烟雾下面匍匐前进。

（3）在成人的带领下观看消防员的演习，了解火灾形成的原因、消防车的作用、灭火器的使用方法及使用时应注意的事项等。

（4）在教师的组织下进行火灾疏散演练，熟悉幼儿园的安全通道，以便在火灾发生时，能在教师的指挥下统一行动，迅速撤离火灾现场。

（四）食品药品安全教育

（1）不随便捡食和饮用来源不明的食物。勿将各种非食用物品放入口中，以免发生食物中毒。

（2）不吃腐烂的、有异味的食物。

（3）养成良好的饮食习惯，如：在进食热汤或喝开水时，必须先吹一吹，以免烫伤；吃鱼时，要把鱼刺挑干净，以免鱼刺卡在喉咙里；进食时，不嬉笑打闹，以免食物进入气管；等等。

（4）知道误服、错服药品的危害，不随意接触药品。

（5）不随便拿化妆品，更不将化妆品放入口中。

（6）认识有毒标志，不接触有毒、有害物品。

（五）生活安全教育

（1）认识生活中常见的安全标志或危险标志等，不随身携带玩具及锐利的器具，不随便采摘花果、捕捉昆虫，更不把它们放在口、鼻、耳中，以防被伤害。

（2）不爬树，不爬墙，不爬窗台、扒窗户，不从楼梯扶手上往下滑。推玻璃门时推门框，不推玻璃，手不放在活页门缝中。上下楼梯靠右边走，不推挤等。

（3）注意活动中的安全。如：在运动或游戏时按顺序来，避免碰撞；没有成人看护时不从高处往下跑或从低处往上蹦；乘车时不在车上来回走动，手和头不伸出窗外。

（4）学会与陌生人交往的正确方式。例如：大班幼儿要能说清楚自己的姓名、家长姓名、家庭住址和家长联系方式；学会保护自己，不轻信陌生人的话，未经允许不跟陌生人走；独自在家遇有陌生人敲门时，不随便开门；等等。

第二节　学前儿童安全教育活动设计与案例

一、学前儿童安全教育活动设计原则

（一）活动内容具体化、形象化

学前儿童能力有限，在短时间内掌握广泛的安全知识较为困难。因此，教师可以根据学前儿童的年龄特点和生活需要，将安全教育活动的内容具体化。例如：结合游戏活动，让学前儿童懂得什么东西不能碰，什么东西不能攀爬等；结合主题教育，帮助学前儿童了解遭遇火灾、地震等灾害时的一些自我保护方法；结合情景表演，让学前儿童明白不能随便跟陌生人走，遇到危险或困难时要寻求帮助等。

此外，教师应将安全教育活动的内容形象化，以加强学前儿童对安全知识的理解。例如，教师可以有目的、有针对性地组织学前儿童观看一些安全事故的新闻报道视频，让学前儿童亲眼看到不注意安全将会带来的严重后果；还可以根据各年龄段学前儿童的特点提供不同的操作机会，让学前儿童在看、说、玩中学习安全知识，如掌握遇到危险时的求救方法，熟记常用的紧急电话号码等。

（二）活动方法游戏化

将安全知识转化为安全行为是安全教育活动的现实意义，也是教育的目的所在。游戏是学前儿童最喜欢的活动。为了让学前儿童乐于学习一些安全知识，掌握一定的安全技能，教师要充分发挥游戏的教育作用，设计与编排一些主题游戏活动，让学前儿童在玩中学、学中玩。

例如：小班游戏“狼和小羊”可以让学前儿童练习遇到危险时的求救方法；中班游戏“着火了”可以让学前儿童练习遭遇火灾时撤离与逃生的方法。此外，幼儿园还可以开展以园为单位的演练活动，让学前儿童在情境练习中学习自护自救的方法。

（三）选择适宜的教育时机

教师和家长在对学前儿童开展安全教育活动时，往往因无法将事件真实地再现出来而很难真正引起学前儿童的重视。但生活中不可避免地会发生各种意外事故。如果意外事故的主角是学前儿童的同伴或周围熟悉的人，那么学前儿童就比较容易记住意外事故的后果。因此，教师应该善于把握教育时机，及时对学前儿童进行安全教育，以获得较好的教育效果。

（四）加强学前儿童与环境之间的互动

环境是重要的教育资源，幼儿园的班级环境创设更是作为一种“隐性课程”。借助环境教育，可以有效地解决安全教育枯燥、抽象、教条化等问题，进而增强教育效果。因此，教师应善于利用环境，巧妙地将安全教育渗透在环境中，并加强学前儿童与环境之间的互动。

例如，为了使学前儿童积极地参与到安全教育活动中，教师可以请学前儿童和父母一起收集各种安全标志图，或是让学前儿童自己动手设计、制作各种安全标志。然后，教师和学前儿童一起用收集到的、制作的标志布置教室，将安全标志图贴到相应的地方，如在门边贴上“当心夹手”的标志，在栏杆、窗户旁贴上“禁止攀爬”的标志，在电源插头处贴上“禁止触摸”或“当心有电”的标志等。在创设环境的过程中，学前儿童的安全意识也得到了增强。

二、学前儿童安全教育活动案例

案例 1

小班安全教育活动——会咬人的电

【活动目标】

1. 认识“有电危险”的标志。
2. 通过故事知道电插座里藏着会咬人的电，不能用手触摸。

【活动准备】

1. “有电危险”的标志图片一张、电插线板一块。
2. 灰太狼、小老鼠的指偶。
3. 幼儿操作用图片人手一套；笑脸、哭脸图片各一张。
4. 《喜羊羊与灰太狼》音乐。

【活动过程】

（一）导入活动

在《喜羊羊与灰太狼》音乐中，教师带领幼儿边唱歌边进入活动室。

（二）展开活动

1. 欣赏故事，并根据故事进行简单提问。

师：小朋友们都喜欢喜羊羊与灰太狼的故事。今天老师给你们讲一个关于他们的故事。小朋友们要听好，一会儿老师要提问题哟。

师：

（1）故事里有谁？

（2）他们偷的宝贝是什么？（教师根据幼儿的回答提问并出示电插线板）

（3）电插线板里藏着什么？电插线板可以碰吗？

（4）我们的教室里哪里有电插线板？你家哪里有电插线板？

2. 认识“有电危险”的标志。

师：喜羊羊还给我们带来了许多图片，我们一起来看一看。（出示图片引导幼儿认一认，说一说在哪里见到过这样的标志）

3. 谁对、谁不对。

师：这是喜羊羊给我们每个小朋友的两张图片，它要考考我们，这两张图片上的小朋友谁对、谁不对。（让幼儿自由交流，并请个别幼儿说一说）

出示哭脸和笑脸，请幼儿根据自己的判断将对的送到笑脸处，错的送到哭脸处。

（三）结束活动

教师带领幼儿朗读《安全用电》儿歌：

电器插座别乱动，开关不能瞎摆弄。

大白天你别开灯，人离教室要关灯。

下雨最怕树下躲，电线杆下怕雷击。

电风扇，洗衣机，小手不能放进去。

开关插头和插座，湿手千万不能摸。

【活动总结】

本活动可让幼儿明白不能乱碰电插线板，不能把手指和小金属片插入电插线板的小嘴巴，电器的插头要请爸爸妈妈插，学会安全用电。

【模拟授课演示】

小班健康教育活动——会咬人的电

案例 2

中班安全教育活动——滑梯和攀爬架

【活动目标】

1. 掌握玩滑梯和攀爬架的正确方法，并能在日常活动中遵守安全行为规则。

2. 能对玩户外器械过程中的各种行为做出是否安全的判断。

【活动准备】

教学挂图和幼儿用书。

【活动过程】

1. 组织幼儿玩滑梯和攀爬架。

教师可准备数码相机，抓拍幼儿在玩滑梯和攀爬架中的正确或错误的行为。

2. 问题引入。

师：小朋友们，你们喜欢玩滑梯和攀爬架吗？玩滑梯和攀爬架的时候要注意哪些事情？怎样玩才是安全的呢？

3. 请幼儿回忆玩滑梯的情景。

引导幼儿阅读教学挂图滑梯部分，将活动时拍摄的照片和挂图上的行为一一对应，帮助幼儿更清楚地认识自己的行为。

师：

（1）你平时是怎么玩滑梯的？

（2）图画中的小朋友是怎么玩滑梯的？

（3）头朝下玩滑梯可能会发生什么事情？

（4）从滑梯下面往上爬，可能会发生什么事情？

（5）你喜欢哪一个小朋友？为什么？

4. 请幼儿回忆玩攀爬架的情景。

引导幼儿阅读教学挂图攀爬架部分，将活动时拍摄的照片和挂图上的行为一一对应，帮助幼儿更清楚地认识自己的行为。

师：

（1）你是怎么玩攀爬架的？

（2）这幅图画中的小朋友是怎么玩攀爬架的？

（3）挤在一起玩攀爬架会发生什么事情？

（4）你喜欢哪一个小朋友？为什么？

5. 教师帮助幼儿总结玩户外器械的注意事项，并引导幼儿在儿歌的帮助下掌握安全要点。

（1）师：我们在玩滑梯的时候要一个接一个地排队，大家轮流玩。注意不能头朝下玩滑梯，也不能从滑梯下面往上爬。玩攀爬架的时候要等前面的小朋友爬上去了自己再爬，不要挤在一起。

（2）教师引导幼儿学习儿歌：

户外接受阳光照，小朋友们兴趣高。

必要准备要做好，自我保护更重要。

高高兴兴做游戏，遵守规则不乱跑。

安全锻炼长本领，身体健壮发育好。

（3）教师带领幼儿再次玩滑梯和攀爬架等器械，一边玩一边念儿歌。

【活动延伸】

家长带幼儿玩公园或社区里的户外器械时，也要贯彻幼儿园关于户外器械活动的要求，保证对幼儿安全教育要求的一致性。

案例 3

大班安全教育活动——参观消防队驻地

【活动目标】

1. 通过参观消防员的演习，了解消防员的工作职责，增强消防安全意识。

2. 认识消防车，了解常见的消防工具。

【活动准备】

1. 经验准备：幼儿了解简单的消防安全知识，同伴之间喜欢主动交流。

2. 物质准备：与消防中队联系，幼儿自备背包、水杯、纸巾等。

【活动过程】

1. 教师与幼儿谈话，激发幼儿参观消防队的愿望。

教师提问：小朋友们，你们见过消防车吗？在哪里见过？想知道消防车是什么样的吗？哪里有消防车呢？

幼儿之间相互交流。

2. 教师带领幼儿去消防中队驻地参观，提醒幼儿路上注意安全。

3. 幼儿参观消防中队驻地，认识消防车，了解常见的消防工具。

（1）听消防员介绍消防车，了解消防车的种类以及每种消防车的作用。

（2）听消防员介绍常见的消防工具。

（3）根据消防员的介绍，提出自己的疑问。

（4）登上消防车，参观消防车内室。

4. 幼儿参观消防员的训练演习，了解消防员的工作职责，增强消防安全意识。

（1）参观消防员的高空攀爬演练过程。

（2）参观消防员现场灭火演习。

（3）参观消防员快速翻越障碍物的演习过程。

5. 幼儿与消防员合影，体验和消防员在一起的愉快心情。

6. 教师组织幼儿安全有序地返回幼儿园。

【活动总结】

在班级中开展“消防安全我知道”系列教育活动，有助于幼儿了解火灾发生的原因及发现着火了该怎么办。幼儿园还可开展防火安全预案演习等，使幼儿进一步增长消防安全知识，增强消防安全意识。

第三节　学前儿童安全教育的实施

一、学前儿童安全教育的方法

学前儿童的年龄特点决定了在对他们进行安全教育的时候，应当将安全教育的内容融入生动有趣的方法之中，以使其能够接受。

（一）对照比较法

对一些危险性不大的活动，教师可鼓励学前儿童大胆体验，逐步找出最佳的行为保护法。如组织学前儿童玩皮球时，把他们分成两组，对一组不做任何要求，让儿童自己玩耍，另一组则按教师提出的要求玩皮球。通过对两种玩皮球的行为的比较，学前儿童会懂得只有遵守游戏规则，才能玩得好，玩得有趣，不会撞倒碰伤，不会出安全事故。

（二）实例分析法

教师可以利用学前儿童生活中的所见所闻，以及经常发生的一些事件，给学前儿童讲解分析，让他们知道哪些行为是可以做的，哪些行为是不可以做的，让他们知道一些引起危害的原因，也让他们学习一些简单的自救动作和方法。

（三）游戏模拟法

教师可以通过游戏的形式模拟各种意外事故发生的场景，让学前儿童学会在特定情况下的操作动作，培养其安全意识和自我保护能力。例如，通过角色游戏，模拟发生火灾的情景，让学前儿童掌握自救的动作、方法和技能。

二、学前儿童安全教育的实施原则

（一）坚持安全第一

没有生命，就没有一切。生命权是一项最基本的人权。《纲要》指出：“幼儿园必须把保护幼儿的生命和促进幼儿的健康放在工作的首位。”统计数据表明，给我国儿童造成伤害的主要因素依次是交通事故、中毒、跌伤、烧伤、溺水、动物咬伤和其他意外损伤。

安全问题不容放松。我们必须要坚持安全第一的原则，将学前儿童安全教育摆在首要位置。

（二）重预防和自护

导致学前儿童安全事故发生的重要原因是学前儿童欠缺安全意识、安全防范知识和安全习惯，自我保护能力差。教育者加强对学前儿童的保护固然重要，但更重要的是加强对学前儿童自我保护能力的培养。学前儿童学会简单的自救和求救的方法是安全教育的最终目标，也是解决问题的关键。因此，教师应重视对学前儿童行为规范的教育，培养他们独自应对环境、适应环境的能力，加强对其自救、自护能力的训练，使其掌握自救、自护的技能。

（三）以正面教育为主

根据学前儿童思维发展水平有限、辨别是非的能力较弱以及好模仿等特点，教师在进行安全教育时，一般应给予学前儿童符合安全规范的正面示范，多举一些小朋友注意安全的例子。这些正面材料会引导学前儿童正确地理解安全知识，避免盲目模仿。

比如，在一次美工活动中，教师发现一位叫明明的小朋友用剪刀对着别人，就及时地提醒道："明明，快过来，到老师这儿来。你看娟娟小朋友的小剪刀多听话，剪得真好。你的小剪刀也会很听话的，对吗？"这样既给孩子树立了榜样，又避免了危险的发生。

（四）随机教育

安全教育是一个长期的、连续的过程。安全教育不仅要在集体活动中进行，还应在日常生活中随机进行，渗透在学前儿童的一日活动中。教师应结合学前儿童在活动中出现的问题，适时、及时地提醒他们，给予必要的、合理的安全教育。

例如，教师发现幼儿对路边花坛中种植的月季特别感兴趣，围在花的周围叽叽喳喳地讨论，有的幼儿还去摸摸花瓣和叶片。教师忽然想起月季的茎和叶上都有刺，便随机对幼儿进行了有关预防植物有刺、有毒，不要轻易触碰的安全教育。在几天后的一次观察活动中，当教师用手捏住一片冬青树的叶子请幼儿观察时，一名幼儿说："老师，它会不会有刺呀？"这说明孩子已经把上次随机教授的安全知识转化为自己的安全行为了。

（五）直观教育

安全教育对于学前儿童来说是比较抽象和难以理解的，而学前儿童的年龄特点决定了幼儿园的教学活动应该采用直观的教学方式。在进行安全教育时，教师可以综合运用包括多媒体技术在内的各种直观手段。逼真的图像、鲜艳的色彩对幼儿来说具有直观性、形象性，还能创设具有真实性的情境。因此，教师可以利用多媒体设计丰富多彩的活动形式，让幼儿更加深刻地理解学习内容。比如，设计一节遭遇火灾时自救的常识课，首先播放消防车的警报声，让幼儿有身临其境的感觉，然后播放有关着火、报警、火灾逃生以及消防员出警救火的一系列动画片，让幼儿记住怎样在遭遇火灾时尽快逃离现场。

三、学前儿童安全教育的实施策略

（一）强化安全意识，执行安全制度

每个幼教工作者都应有安全意识，有工作责任心，能及时发现和处理各种不安全因素。同时，幼儿园应建立健全安全制度，制订安全工作计划并严格执行。例如，为确保安全，幼儿园必须严把进门关和出门关，一律不准无关人员进入园内；严格禁止幼儿擅自离开幼儿园；严格执行接送制度，要求家长必须亲自把孩子交给所在班教师，非幼儿家长，原则上不能接走孩子；等等。

案例

某幼儿园安全工作计划表

月份	安全工作计划
一月	1. 对幼儿园进行全面细致的检查 2. 做好寒假期间的安全教育工作和安全管理工作，对幼儿进行假期前安全防护
二月	1. 制订安全教育工作计划 2. 建立和完善幼儿园安全事故信息报告制度

续表

月份	安全工作计划
三月	1. 各班开展以“增强防范能力，提高生命质量”为主题的安全宣传教育活动。组织“安全在心中”主题教育活动，强化幼儿的安全意识，让幼儿学习防毒、防水、防火、防传染病等安全常识及自救方法 2. 对全园各项设施进行全面的安全大检查，及时排除安全隐患 3. 建立健全“三级值班”（门卫、行政人员、教师）制度，要求有关人员必须认真填写相关记录（包括外来人员记录）
四月	1. 在幼儿中开展交通安全知识宣传教育活动，努力增强师生、家长的安全意识 2. 主管、分管领导要做到勤看、勤检查，并做好记录
五月	1. 做好园舍安全检查，及时消除隐患 2. 开展幼儿保健知识宣传教育，做好户外安全教育
六月	1. 做好户外安全教育 2. 对幼儿园进行全面细致的检查 3. 做好幼儿健康知识宣传
七月、八月	1. 对幼儿进行假期前安全防护教育 2. 做好暑假期间的安全教育工作和安全管理工作 3. 做好安全教育工作总结
九月	1. 对幼儿进行日常生活安全教育 2. 开展“我会使用灭火器”安全教育活动 3. 做好园舍安全检查，及时消除隐患
十月	1. 抓好国庆节期间的安全管理和安全教育工作 2. 做好秋季防火工作
十一月	1. 做好幼儿保健知识宣传教育 2. 做好冬季消防安全教育
十二月	1. 对幼儿园进行全面细致的检查 2. 对幼儿进行假期前安全防护，做好寒假期间的安全教育工作和安全管理工作

（二）创设安全环境，注重环境育人

不安全的环境是引发学前儿童意外伤害事故的最直接原因之一。幼儿园是学前儿童学习与生活的主要场所之一。保证学前儿童在幼儿园及园内外活动中的安全，是幼儿园应尽的职责。因此，幼儿园应采取措施，为学前儿童提供安全的环境，如园内设施要安全，幼儿园的建筑、设施要符合学前儿童的年龄特点和安全要求。幼儿园还要及时检修各种设施、设备，确保安全。比如危房、危墙的拆除，大型玩教具年久未修，活动场地太滑、太坚硬、不平整，各种设备棱角锋利等，这些都是安全隐患，幼儿园应及时排除，以保证学前儿童的安全。

《纲要》指出：“环境是重要的教育资源，应通过环境的创设和利用，有效地促进幼儿的发展。”生活化、直观化、常态化的体验式环境教育，以学前儿童易于接受、乐于践行的潜移默化方式，能有效解决安全教育枯燥、抽象、教条的问题，明显增强教育效果。

1. 将安全教育与学前儿童日常生活环境相结合

教师可将安全教育渗透到幼儿园环境营造中，使其成为学前儿童生活的一部分，如在走廊拐

角处、盥洗室里、便池边、饮水桶前、电源插座旁等处，贴上学前儿童设计的各种安全标志，时刻警示学前儿童注意行为安全，强化安全意识。

2. 将教育内容渗透到活动环境中

如在以“马路上的安全”为主题的活动中，教师在走廊或活动室专门开辟一块空间，设置安全教育主题墙，根据主题活动开展的线索，与学前儿童一起将各种安全标志图片及学前儿童对标志的认识与判断图片一同呈现在主题墙上，让他们在参与环境创设和活动的实践体验中，获取安全知识，接受安全教育，形成自觉的行为习惯。

（三）开展丰富多彩的安全教育活动

《纲要》提出的“寓教育于生活、游戏之中”的要求提示教育者要把安全教育渗透到学前儿童的生活、游戏中。幼儿园可开展丰富多彩的安全教育活动，让学前儿童主动参与全过程。《指南》指出：“结合活动内容对幼儿进行安全教育，注重在活动中培养幼儿的自我保护能力。”

1. 丰富多彩的主题活动

教师可将安全教育从外在于教学活动的具体保障措施内化为教学活动的重要目标，精心设计、安排系列活动。如：小班主题活动“能干的我”通过“安安全全玩滑梯”“不跟陌生人走”“防止抓咬伤”等系列活动，培养学前儿童的安全和自护意识；中班主题活动“安全标志大揭秘”通过观看多媒体课件、收集标志、组织讨论、了解各种标志的含义，让学前儿童学会辨别各种交通安全标志，增长知识；大班主题活动“安全运动”通过“我是安全检查员”活动，让学前儿童查找日常活动中存在的安全隐患，共同讨论应该引起特别注意的一些问题，并自主设计安全运动的规则标志，张贴于公共活动区域中，主动宣传。

案例

某幼儿园安全教育活动

小班	中班	大班
活动名称：不跟陌生人走 活动目标： 1. 知道陌生人的话不可以轻信，不能跟陌生人走 2. 形成自我保护意识	活动名称：我会求助 活动目标： 1. 知道遇到麻烦时可以求助他人 2. 知道求助基本常识以及怎样拨打求助电话	活动名称：不上当受骗 活动目标： 1. 初步树立防范意识 2. 学会应对危险的基本方法
活动名称：妈妈不见了 活动目标： 1. 知道找不到妈妈应该怎么做，记住妈妈的电话号码及家庭地址 2. 增强自我保护能力	活动名称：小心危险 活动目标： 1. 尝试从多角度思考生活中常见的危险因素和预防措施，有安全意识和自我保护意识 2. 大胆讲话，有敢于当众表达自己想法的勇气	活动名称：参观消防队 1. 接受自我保护教育，加强安全意识 2. 了解消防员的角色、消防队的任务及装备，对消防员产生敬意
活动名称：我会走路 活动目标：养成良好的走路习惯，学习安全走路的方法，即走路时抬头看路，不嬉戏打闹	活动名称：我会打报警电话 活动目标： 1. 初步养成自我保护意识，知道遇到危险时可拨打求助电话 2. 记住电话 110（报警）、119（火警）、120（急救），并知道在什么情况下拨打	活动名称：身边的安全标志 活动目标： 1. 认识常见的安全标志 2. 初步学会看标志以保护自己，增强自我保护意识

2. 生动有趣的游戏活动

教师可充分利用学前儿童最感兴趣的游戏活动，让他们在轻松、愉快的气氛中进行自救技能训练。如在游戏区里，为学前儿童准备红绿灯标志，设置人行横道、十字路口等，让学前儿童在游戏活动中掌握基本的交通规则；还可以为学前儿童设计各种安全棋，比如熟悉社区环境的社区棋、乘车安全棋等，让学前儿童在轻松、愉快的气氛中增长安全知识，增强自我保护意识和能力。又如利用情景表演游戏中创设的情景“你一个人在家，有个陌生人敲门怎么办”“想看电视了，怎样插插头”“水和饭菜很烫，你该怎么办”等，让学前儿童在游戏中设想各种自救自护的方法并反复练习，懂得在第一时间采取最有效的自我保护措施，增强自我保护能力。

3. 将安全教育渗透进日常生活

学前儿童一日生活的各个环节都是安全教育的良好载体。如：晨检时，保健医生、教师要注意检查学前儿童口袋中是否有尖锐的器具或小珠子之类的东西。午餐时，教师要注意提醒学前儿童，餐前要洗手，以防病从口入；吃饭时热汤热饭要吹一吹再吃，以免烫伤；吃饭时少说话，以免噎着。开展教学活动时，教师要教学前儿童正确使用剪刀等尖锐器物的方法。户外活动前，教师要提醒学前儿童整理好衣冠、鞋带，上下楼梯要靠右走。活动中，教师要提醒学前儿童注意少狂奔乱跑，避免摔伤、跌伤。玩大型玩具前，教师应帮助学前儿童先制定规则，提醒其注意安全；自由活动时，教师要时时关注学前儿童，提醒其不要抛、扔或互甩玩具，少攀爬栏杆、窗户，防止意外事故的发生。

（四）构建幼儿园、家庭、社区互动机制

《纲要》指出：“幼儿园应与家庭、社区密切合作……综合利用各种教育资源，共同为幼儿的发展创造良好的条件。”家庭、社区对学前儿童安全教育的作用是幼儿园无法取代的，幼儿园应积极与家庭和社区形成教育合力，共同强化幼儿的自我保护意识，培养幼儿良好的生活习惯，深化幼儿自我保护教育。

幼儿园可以通过安全教育宣传栏、家长园地、家长会等多种形式，向家长宣传安全教育的重要性和必要性，增强家长的安全防范意识，让家长主动参与对幼儿自我保护能力的培养。

社区是安全教育的重要载体。幼儿园应努力挖掘社区安全教育资源，使安全教育更加直观有效。如定期邀请相关人员来幼儿园讲解安全知识，让幼儿参与社区活动，到实地参观、调查、实践，拓宽安全认知，有效增强安全意识和安全应急处理、自我保护能力。

思考与练习

一、单选题

1. 懂得身体不舒服时要主动告诉成人，懂得不能乱吃药品属于（　　）的教育内容。

A. 安全自护　　B. 饮食与营养　　C. 疾病的防治意识　　D. 认识自己的身体

2. “认识常见的安全标志，能遵守安全规则是”（　　）幼儿的具体目标。

A. 3~4 岁　　B. 4~5 岁　　C. 5~6 岁

3. 教育者加强对学前儿童自我保护能力的培养，体现了学前儿童安全教育的（　　）原则。

A. 坚持安全第一　　B. 重预防和自护　　C. 以正面教育为主　　D. 重视随机教育

二、判断题

1. 学前儿童能力有限，只需要知道必要的安全保健常识就可以。 （ ）

2. 教师在组织活动时，可鼓励学前儿童大胆体验，找出最佳的行为保护法。 （ ）

3. 安全教育可以渗透在幼儿一日生活的各个环节。 （ ）

三、简答题

1. 简述学前儿童安全教育的内容。

2. 简述学前儿童安全教育的实施策略。

四、活动设计题

发现火灾发生了要怎么办呢？如何引导小班幼儿安全快速地逃往安全地带？请你为小班幼儿设计科学合理的火灾逃生演练活动，要求写出活动目标、活动准备、活动导入、活动过程等。

第八章

学前儿童心理健康教育活动设计

【学习目标】

1. 了解学前儿童心理健康教育的目标和内容。
2. 理解影响学前儿童心理健康的因素。
3. 能够初步设计与实施学前儿童心理健康教育活动。

第一节 学前儿童心理健康的概念和基本内容

一、学前儿童心理健康的含义

《指南》指出，心理健康的标志是具有安定愉快的情绪和一定的适应能力。

学前儿童心理健康是指幼儿在合理需要和愿望得到满足后，在情绪与社会化等各方面所表现出来的良好心理状态，即幼儿对自己感到满意，情绪愉快，人际关系良好，适应能力良好，智力得到适当发展。在我国，学前儿童心理健康的标志包括智力正常、情绪稳定、有良好的人际交往能力和行为习惯、性格特征良好等。具体表现如下：

（1）新生儿从出生就开始产生微笑、痛苦等情绪反应。学前期是情绪发展的重要时期。这一时期幼儿的情绪、情感迅速发展，产生害羞、愤怒、悲伤等情绪，情绪冲动性减少，稳定性逐渐增强。

（2）具有健康的性格意志。心理健康的幼儿应当有明确的目的性、较为敏锐的判断力和较强的自控能力等。

（3）具有良好的行为表现。心理健康的幼儿在做事时能够将注意力集中，保持思想与行动一致，不干扰他人，不冒失，有头有尾。

（4）具有良好的社会适应能力。心理健康的幼儿到了新环境中能够积极地去融入，并且能够交到新朋友，愿意参加多种集体活动。

（5）能够保持健康的人际交往关系。心理健康的幼儿能够积极、热情地与他人互动、交流。无论是在独处中还是在协作当中，都能够很好地与人相处，建立和谐的同伴关系。

（6）具有良好的习惯。这里的习惯不仅仅指生活习惯、卫生习惯，还包括学习习惯、动作习惯等。心理健康的幼儿应该在生活中对外界环境做出适当的反应，不应当经常咬指甲、扮怪相。

（7）能够保持健康的心态和良好的生活态度。心理健康的幼儿应该在饮食方面不偏食、不暴饮暴食，入睡容易且睡眠质量较高；对周围的环境充满好奇，并且懂得保护自己，与周围重要他人有良好的情感交流。

二、0~6 岁学前儿童心理健康发展的特点

人在一生中有不同发展阶段，每个阶段的发展任务也有所不同。0~6 岁幼儿主要经历 0~1 岁、1~3 岁、3~6 岁这三个阶段。在这三个阶段中，幼儿的心理发展任务和特点也各不相同。

1. 0~1 岁幼儿心理发展的特点

（1）感知觉：感觉是人脑对直接作用于感觉器官的刺激物的个别属性的反映。感觉包括视觉、听觉、味觉、嗅觉、皮肤觉与平衡觉等。感觉是简单的心理现象，是婴幼儿认识世界的初级形式。现代儿童心理学证明，新生儿已经具备人类基本的感觉和知觉。在 0~1 岁，婴儿是依靠视觉、听觉、肤觉等和外界接触的。知觉是人脑对直接作用于感觉器官的刺激物的整体属性的反映。婴儿的感知过程是从分析感知的事物开始的。婴儿最初的感知觉是进行无条件反射，例如婴儿听见大的声音，本能地做出惊跳反射；新生儿感受到任何触及嘴唇和面颊的物品都会做出吮吸反射。

（2）情绪：新生儿从出生开始就具有原始的情绪反应，哭或者安静，这和新生儿原始需要是否满足有很大关系。新生儿饿或者身体外部、内部受到不愉快的刺激后，就会产生哭闹等情绪。

（3）依恋：婴儿对主要照料者（一般是母亲）的依恋在 6~8 个月时开始形成。6 个月左右时，婴儿对经常照料者和陌生人的反应开始有差别，会对经常照料者表现出更多的微笑、咿咿呀呀等，会对陌生人感到害怕（俗称“怕生”）。

2. 1~3 岁幼儿心理发展的特点

（1）感知觉：1 岁之后，随着口头语言的发展，幼儿的概括能力不断增强。他们常根据事物的明显特点进行总结，例如看到所有亮的东西，会叫“灯”。其空间知觉也得到发展。

（2）情绪：新生儿最初出现的情绪大多和生理需要相关，而 1 岁以后幼儿的情绪和社会性需要密切相关。研究表明，3 岁的幼儿比 1 岁半的幼儿微笑次数有所增加，这是由于随着年龄的增长，幼儿的社会性交往增多，幼儿的微笑从非社交性微笑转向社交性微笑。由于社会性交往增加，幼儿的情绪更加丰富和开始深刻化。

（3）依恋：幼儿在 1 岁左右形成客体永久性，对自己依恋的对象会表现出格外的关注。特别是当依恋对象出现时，幼儿会格外开心；当依恋对象离开时，幼儿会出现哭喊不止等情况。

3. 3~6 岁幼儿心理发展的特点

（1）感知觉：3~6 岁幼儿感觉和知觉在心理活动中仍占很大优势。根据皮亚杰认知发展理论，3~6 岁幼儿处于前运算阶段，以自我为中心，不能把握事物内部的、本质的特点，仍借助颜色、形状、动作、位置等认识世界。3 岁以后的幼儿对物体的颜色知觉、形状知觉、空间知觉和时间知觉都更敏感，能掌握知觉的标准，进行有目的的观察活动。

（2）情绪：3~6 岁幼儿的情绪越来越受到自我意识的调控。幼儿的情绪主要有冲动性、不稳定性和外露性。随着幼儿的情绪调节能力不断增强，情绪的稳定性逐渐增强。在幼儿晚期，情绪比较稳定，情绪控制逐渐从外露转为内隐。

4. 3~6 岁幼儿心理健康的内容

（1）自我认知。

小班阶段是基础的阶段。这一时期教师要对幼儿进行自我心理辅导——初步了解自己的高兴、愤怒、悲伤、快乐等最基本的心情，学会一些简单心理调节方法，与同伴分享，能够初步认识自己，能够进行简单自我介绍，这也是小班幼儿心理发展目标。到了中班，幼儿的自我意识进一步形成，他们需要进行自我意识心理辅导——说出自己和同伴的优点和长处，体验自信心和满足感。这是中班幼儿心理发展任务，发展目标则变成了幼儿需要了解自我，在认识到自己的优点和长处之后能从多方面进行自我介绍。到了大班阶段，幼儿需要更全面地认识自己，也就是除了此前看到的自身优点以外，还要看到自身的缺点，以及认识到如何正确对待缺点。这一时期教师要对他们进行面对他人评价心理辅导——面对负面评价，愿意说出自己遭到负面评价时的心理感受，寻找面对负面评价的积极方法，能够正确认识自己，知道自己与他人的差异。如可以鼓励幼儿积极参加各项活动，并适时开展不同年龄班的混龄活动，帮助幼儿克服以自我为中心的心理，引导幼儿学会换位思考问题。

（2）人际交往。

同伴交往对幼儿实现社会化发挥着重要作用。人际交往需要不断改善同伴互动行为。可以发现，在幼儿园里，3~4 岁幼儿存在“想加入同伴的游戏时，能友好地提出请求”“在成人指导下，能不争抢、不独霸玩具”等行为现象。而大多数的“分享行为”还是需要在成人的指导下才能完成，因此小班幼儿心理健康教育就是交往霸道心理辅导——体验自私与霸道导致的不开心与被孤立的消极情绪，探讨交往方法，从而快乐地与同伴交往，合群、不自私。到了中班阶段，由于幼儿认识到了自身的优点，而每个人的优点不尽相同，能力也有差距，这时教师需要对幼儿进行嫉妒心理辅导——学习以正确心态对待比自己能力强的人，同时进行初步自我意识辅导，使其认识到自己的长处，激励幼儿保持积极乐观的进取心。大班幼儿处于合作游戏阶段，已初步具备调节情绪的能力，因此教师应培养大班幼儿的社会交往技能，让大班幼儿学会在游戏和生活中懂得分享和合作。特别在合作游戏中，教师应鼓励大班幼儿制定游戏规则，增强解决问题的能力。教师需要尽可能充分满足幼儿使用各种材料的需要，并为幼儿创造与他人合作的环境和条件，并随时做好记录。

（3）情绪调试。

良好情绪是幼儿生活、学习的动力。人在学前期，情绪还不会内化。教师可以直接观察幼儿的情绪变化，然后给予其针对性辅导。幼儿离开家庭的舒适圈，进入一个完全陌生的环境，会存在难以适应的情况，因此需要进行心理上的疏导排解。对于初入幼儿园的幼儿，第一个需要进行的心理健康教育就是胆小退缩心理辅导，使幼儿感受到集体生活的安全感和归属感，从心理上接受集体生活，为此后的学习生活奠定基础。中班幼儿已经有了自我意识，但是还没有自律意识，也就是控制自我的能力，因此教师要对幼儿进行初步的自我控制心理辅导，培养其自我控制和自我保护能力。大班幼儿容易陷入被情绪支配的状态。如何让他们成为情绪的主人而不是被情绪支配？大班的教育需要有情绪调控心理辅导，让幼儿学会处理自己的负面情绪，恰当地体验和表达情绪。例如，在实践研究的基础上，教师可以将情绪管理与绘本教学相结合，引导幼儿在绘本阅读中产生积极的情绪，从而拥有良好的心理状态。

（4）社会适应。

幼儿终将成长，迈向成人社会。只有在这一时期培养其社会适应能力，才能为其未来打下良好的社会性心理基础。幼儿入园时存在着入园焦虑。在开学之初，教师就要对不愿去幼儿园的幼儿进行心理辅导——入园焦虑心理辅导，使其感受到幼儿园生活的乐趣，逐渐适应新环境、新伙伴、新的学习和生活。如以缓解幼儿入园焦虑、游戏中情绪起伏为中心，深入观察分析并制定游戏指导策略，前期效果十分明显。

三、影响学前儿童心理健康的主要因素

学前儿童心理健康主要受到个体因素、环境因素、家庭教养方式、家庭结构等因素影响。

1. 个体因素

（1）遗传素质。

遗传是一种生物现象。遗传是将上一代的生物特征传给下一代。这些遗传的生物特征为遗传素质。遗传素质最重要的作用是为个体生长提供自然物质基础。除此之外，遗传素质还对人的心理发展起到作用。遗传素质为智力和心理的发展提供物质前提。同时遗传也是个体心理发展不同的最初表现。

（2）气质与性格。

气质是相对稳定且持久的心理特征。气质是与生俱来的，后天不易改变，主要体现在行为的

速度、强度和灵活性等方面。古希腊著名医生希波克拉底提出体液说。他将人的气质类型分为多血质、胆汁质、黏液质和抑郁质。巴普洛夫认为气质是由人的高级神经活动类型决定的，并将高级神经活动类型分为活泼型、兴奋型、安静型和抑制型。这四种高级神经活动类型分别对应多血质、胆汁质、黏液质、抑郁质四种气质类型，如表 8-1 所示。

表 8-1　人的气质类型、主要表现与高级神经活动类型

气质类型	主要表现	高级神经活动类型
多血质	活泼好动、思维敏捷、好交际、注意力容易转移	活泼型（强、平衡、灵活）
胆汁质	热情直爽、精力旺盛、反应迅速、易冲动	兴奋型（强、不平衡）
黏液质	安静、反应迟缓、注意力不容易转移、有耐性	安静型（强、平衡、不灵活）
抑郁质	敏感、情绪体验深刻、多愁善感、优柔寡断	抑制型（弱）

性格是人对现实的态度和习惯化的行为方式中比较稳定的心理特征。性格是在气质的基础上，通过后天环境作用逐步形成的。幼儿的性格特点主要包括活泼好动、喜欢交往、好奇好问、模仿性强和好冲动等。学前期是幼儿性格开始形成的时期。幼儿的性格容易受到环境、榜样的影响，因此，家长和教师要营造一个良好的性格形成环境。

（3）情绪与情感。

情绪是人体对客观事物的主观体验和相应的行为反应。情绪具有短暂性、情境性等特点。幼儿期常见的情绪主要有快乐、愤怒、悲伤、恐惧等。幼儿最常见的情绪是快乐情绪。良好的情绪促进幼儿的生理和心理健康发展，而幼儿长期处于紧张、焦虑、恐惧等情绪中，不仅会影响心理健康，还会影响生理健康。

情感是与人的社会性需要相联系、人类特有的、较为复杂又稳定的态度体验。常见的情感包括道德感、理智感和美感。3 岁左右幼儿开始萌发道德感。4~5 岁是道德感发展转折时期。4~5 岁幼儿喜欢“告状”，就是道德感激发的行为。5~6 岁幼儿道德感发展不断复杂化。幼儿对美的感受是一个社会化的过程。他们喜欢从生活实际中发现美、评价美和表现美。理智感也是人类特有的情感。幼儿理智感的产生主要受到成人和环境的影响。例如，4~5 岁幼儿开始喜欢拼图、猜谜语，5~6 岁幼儿喜欢智力游戏等，都是理智感发展的表现。

（4）自我意识。

自我意识是个体对自己所做事情的看法和态度。在自我意识中，人是认识者，同时也是被认识者。自我意识主要包括自我认识、自我体验和自我控制。1~2 岁是自我认识的发展期。这个年龄的幼儿开始具有独立的自我认识。“点红实验”表明了幼儿对自己的形象开始有认识。2~3 岁是幼儿自我意识的萌发期。这个时期的幼儿学会用“我”这个字眼，这是幼儿自我意识发展的重要标志，幼儿逐渐学会用“我”表达自己的愿望。3 岁以后，自我意识对幼儿心理活动起到控制作用。幼儿通过行为表现，观察父母、教师等他人的反应，开始对自己进行评价，如“我是一个乖孩子”“这件事情我做得好，就会受到妈妈的表扬”等，从而控制自己的行为。因此，父母和教师应多采取积极的评价，以温和的语言和非言语动作，引导幼儿进行正确的自我认识。

2. 环境因素

环境为幼儿的发展提供可能性。环境分为自然环境和社会环境。要保证幼儿的身心健康发展，拥有良好的自然环境必不可少。阳光充足、空气清新、水源干净等基础环境条件会促进幼儿的健康成长。同时幼儿经常接触大自然，对其身心健康发展大有益处。社会环境包括社会生产力水平、社会制度、社会经济水平、社会风气等。社会环境是潜移默化影响幼儿身心健康发展的。

3. 家庭教养方式

家庭教养方式通常是指父母在家庭中教养子女时所采用的特有的行为方式。这种行为方式是稳定的、持久的，并难以在短时间内改变。不同家庭结构对幼儿心理健康的影响也会不同。常见的四种家庭教养方式包括专制型、权威型、放任型和忽视型家庭教养方式。

（1）专制型。

采用专制型家庭教养方式的父母严格，对幼儿监督程度较高，但是忽略幼儿的感受。父母过分干涉幼儿的活动。父母对孩子的要求过于严格，容易导致孩子产生焦虑情绪。

（2）权威型。

采用权威型家庭教养方式的父母对幼儿监督程度高，同时对幼儿的反应程度高，能够站在幼儿的角度思考问题，容易与幼儿建立平等、尊重的亲子关系。

（3）放任型。

采用放任型家庭教养方式的父母对幼儿监督程度较低，溺爱孩子，尽可能满足幼儿所有要求。

（4）忽视型。

采用忽视型家庭教养方式的父母忽视、漠视幼儿的存在，对幼儿的生活和学习漠不关心。

不同家庭教养方式对幼儿的生理和心理健康的影响不同。通常我们认为，权威型教养方式对孩子的成长最为有利。父母通过“立规矩”的方式在孩子心中树立威信，在了解幼儿想法之后，设置一些具体目标，促使幼儿完成。在幼儿完成后，父母会及时给予表扬。如幼儿遇到困难，父母也不会坐视不理，而是帮助幼儿找到解决问题的方法，并及时安抚。相比而言，专制型的父母在行为和言语上比较强硬，缺乏与幼儿的沟通，更强调幼儿的服从性，不考虑幼儿的自主思考和主动表达。而放任型的家长在教育幼儿时，给予幼儿较大的自由，并不太注重对幼儿成长过程的管理。在这种状态下，幼儿长大后将会表现得心理不成熟或生活能力差。忽视型的家长采用漠不关心的态度，不会对幼儿的行为加以控制，同时也缺乏对幼儿的关爱。该类型家庭只能够确保孩子衣食无忧，并不会给予孩子精神层面的关怀。

4. 家庭结构

家庭结构也会影响幼儿的心理发展。家庭结构是指家庭中成员的构成及其相互作用、相互影响的状态，以及由这种状态形成的相对稳定的联系模式。根据家庭代际层次和亲属关系以及代际数量，家庭结构可分为以下几种类型：

（1）核心家庭：由配偶和子女组成，包含父亲（丈夫）、母亲（妻子）、子女等最主要的家庭角色，是其他家庭结构的基础，是现代社会最主要的家庭类型。

（2）主干家庭：也称直系家庭，通常指由（外）祖父母、父母及第三代组成的家庭。在我国，（外）祖父母照料第三代非常普遍，有的是单纯依靠（外）祖父母隔代养育，有的是祖辈和父辈共同养育第三代。

（3）联合家庭：通常指几个具有血缘关系的群体组成的家庭，由父母及两个以上已婚子女的家庭组合而成。

（4）单亲家庭：通常指由父亲或母亲一方与未婚子女共同构成的家庭。核心家庭因夫妻一方去世或夫妻离异而变成单亲家庭。

（5）重组家庭：通常指夫妻双方至少有一方曾经有过一次婚姻，并有一个或多个前次婚姻的子女的家庭。

（6）丁克家庭：通常指夫妻双方有生育能力但自愿选择不生育子女的家庭。

（7）空巢家庭：通常指夫妻无子女，或虽有子女，但子女离开并居住在他处的家庭，是家庭生命周期的最后阶段。

目前我国家庭结构主要以核心家庭和主干家庭为主要类型，单亲家庭的数目有所增加。不同家庭结构影响不同家庭成员关系，对幼儿的个性、社会性和心理素质发展的影响也会不同。

幼儿的健康快乐成长是建立在稳定的家庭关系基础上的。父母或其他抚养人要从各个方面帮助幼儿，教他们如何解决生活中的困难并满足他们正常的心理和生理需求。

第二节　学前儿童常见心理障碍的表现与矫治

一、儿童孤独症

儿童孤独症又称为儿童自闭症，是一类以严重孤独、缺乏情感反应、语言发育障碍、刻板重复动作和对环境奇特的反应为特征的精神疾病。通常发生在 3 岁之前，还有的儿童在一两岁时看起来很正常，到 3 岁后才逐渐有异类表现。

案例

小军，来幼儿园几个月几乎不开口说话，喜欢独处，对人态度冷淡，每次都以同一方式去做某件事情，要一种类型的玩具，坐同一个座位，上厕所用同一个便池。

儿童孤独症的起因尚不太清楚。一般认为，孤独症与遗传因素、器质性因素以及环境因素有关。

对于孤独症患儿来讲，只有早发现、早干预、进行行为矫治，才能帮他们缩短与正常幼儿的差距，让他们早日融入社会。治疗上最重要的是教育和行为治疗，目的是纠正幼儿的异常行为。家长要改变养育方式，多接近、多关心患儿，给孩子以温暖，也可在医生指导下给患儿做药物治疗。孤独症患儿不仅需要家长、老师的帮助，还需要整个社会的支持、帮助。

二、儿童焦虑症

焦虑症是在儿童时期无明显因素作用下发生的发作性紧张、莫名恐惧与不安，常伴有自主神经系统功能的异常，是一种较常见的情绪障碍。

案例

范范，胆小，不愿离开父母，上幼儿园时显得惶恐不安，哭泣，食欲不振，时有呕吐。夜里入睡困难，夜眠不安，多噩梦或有梦魇。

儿童焦虑症与先天素质和后天环境因素有密切关系。焦虑症患儿先天就有敏感、自信心不足、自尊心很强的性格特点，容易紧张。

教师、家长要创造良好的环境，改进养育方法，着重培养幼儿的自信心、勇气和独立生活能力，减少其依赖性，增强其社会交往能力和集体意识，减少其心理过程中的阴暗因素，促使其热爱生活、热爱集体、热爱大自然。

三、感觉统合失调

所谓感觉统合，就是大脑把听觉、视觉、触觉等身体的各种感觉器官传来的信息进行多次的组织分析、综合处理，从而做出正确决策的能力。当大脑对感觉信息的统合发生问题时，就会发生运作失灵，这种失灵被称为感觉统合失调。它会削弱幼儿的认知能力与适应能力，使学习效率低下。时间长了，这种不和谐运作与所产生的低能表现必然导致心理障碍。

案例

东东，好动不安，注意力不集中；写字时常常颠倒笔画或部首，阅读时常常漏字或跳行；动作不协调，常表现为走路顺拐，语言发展迟缓，口齿不清，唱歌跑调，读英语时结巴。

感觉统合失调的原因很复杂，具有多元性，目前尚未完全明确，主要与孕育过程中出现的问题及生产方式、出生后的抚养方式有关，例如，先兆流产、孕期用药、情绪不稳定、早产、剖宫产、出生后抚养者少摇抱、没有学会爬就先会走等。不少家长存在过分保护的问题，使幼儿应有的摸、爬、滚、打、蹦跳等行为在发育的自然历程中被人为破坏。幼儿该爬的时候没爬，日后可能出现协调性、平衡感差；该哭的时候不哭，口腔肌肉就缺乏锻炼，心肺功能也会受影响。缺乏运动、缺乏游戏、缺乏大自然的熏陶都是导致幼儿感觉统合失调的因素。

家长首先要进行自我心理调适，不要再给幼儿压力，不能让幼儿觉得自己是有病的人。除对幼儿进行必要的训练外，教师、家长要引导幼儿融入小伙伴中，让幼儿做力所能及的事，定期参加各类体育活动（如走独木桥、跳沙坑、赛跑等）；要对幼儿适当进行触觉训练，包括摩擦、按摩、挤、轻压、重压等，也可通过特定的治疗器对幼儿进行运动训练。

四、口吃

口吃俗称结巴，是幼儿常见的一种语言障碍，表现为说话迟缓或停顿，间歇地重复一个字或一个词，失去正常的说话节律，呈现出特殊的断续性。

案例

佳佳，说话时情绪紧张，呼吸急促，字、词、句表述得极不连贯，有时一个字能停顿几秒钟或重复好几遍，或一个字拖很长的音才过渡到下一个字或词，并常不由自主地出现多余的手势、体态和表情。

口吃形成的原因可能有以下几种：父母在幼儿学说话阶段要求过急，在幼儿发音不准或咬字不清楚时急于做过多的矫正，使幼儿在心理上产生压力；幼儿受到突然的精神刺激，如惊吓、环境突然改变等造成的心理紧张，没有得到有效的缓解；模仿口吃患者；遗传因素。

预防和治疗口吃，要消除周围环境中引起幼儿紧张的人为因素。周围的人不可讥笑、嘲弄口吃的幼儿，以打消幼儿对口吃的顾虑。成人用平和的语气和幼儿说话，使幼儿模仿这种从容的语调，口吃自然会慢慢改掉。另外，有规律的生活、充足的睡眠、丰富的游戏都会使幼儿暂时性的口吃逐渐消失。还可配合音乐、舞蹈，用有节奏的动作矫正口吃。

五、恋物癖

幼儿的“恋物癖”是一种离了某一样陪伴惯了的东西就忐忑不安的行为，表现为怕见生人、回避集体活动、不敢与人说话和交往、退缩、表情淡漠等。

案例

凡凡，女，5 岁，从来没有离开过她 1 岁左右玩过的那只玩具熊。尽管家里有各式各样新的玩具熊，但她一点也不喜欢。她不论到哪里，都必须把旧玩具熊紧紧抱在怀里。一旦发现旧玩具熊没带在身边，就会烦躁不安、哭闹不休。

恋物癖大都是因为幼儿在家庭中缺乏与家长的亲情互动，缺少安全感而产生的。家长应尽量多找些机会陪伴幼儿；平时多拥抱幼儿，多抚摸孩子的背部和头顶；就算让幼儿独处一室，也要进行睡前安抚工作；在选购幼儿用品时，要有意识地备下类似的替代品，让幼儿无法对其中的某样东西“专情”。

六、摸生殖器与摩擦阴部

部分幼儿有时会用手直接抚弄生殖器，或在某些凸出物上摩擦外阴；有时会夹紧大腿前后左右移动等。

案例

妮妮，女，3 岁，聪明漂亮，活泼爱动，和其他孩子没什么不一样，就是在睡觉之前有一些异常行为：两腿交叉摩擦会阴部，扯被角或拿枕巾在两腿之间来回摩擦。

对待上述现象，教师、家长不要大声呵斥，应认识到，幼儿对性的探索是他们探索未知世界的一部分。刚开始孩子只是偶尔摸到自己的生殖器，如同摸到眼睛、耳朵一样，完全是无意识的探索。慢慢地这种探索开始在好奇心的驱使下增多，但仍然不受性欲和性幻想的驱使。他们只产生感官上的愉悦反应，而不会引起各种复杂的情感反应。

不过，家长还是要选择恰当的方式转移幼儿的注意力。尤其是如果幼儿摸生殖器已经影响到日常活动，这就不再是一桩小事了，家长就有必要采取恰当的方式尽早纠正幼儿的行为。应丰富孩子的生活，使之多样化、趣味化，培养幼儿的各种爱好，使孩子把心思和精力都用在他所感兴趣的活动上；尽量减少环境中诱发性活动的刺激。幼儿的内衣、内裤应宽松些。对于年龄较大的幼儿，家长可适当地传授一些性的常识，在平时的谈话中多加引导，运用比喻、讲故事等方式来说明性方面的事情。如果孩子确实克服不了不良习惯，家长应与医生联系，共同查找根源，消除隐患。

七、咬指甲与吸吮手指

有的幼儿喜欢反复啃指甲或甲周皮肤，有时还会咬趾甲，或者把手指放入口中吸吮。养成这些习惯常会导致手指损伤、甲周皮肤感染、指甲畸形和牙列不整等。

案例

欣欣，女，3岁，平时喜欢咬小指，就像咬棒棒糖一样。她的小指已被咬得发白，并有些变形。父母屡次劝止甚至大声呵斥，在她手指上涂上风油精、花椒面之类的东西，但都不见成效。

幼儿咬指甲和吸吮手指常与家长养育方法及环境有关。若父母不懂喂养幼儿以致其饥饿，幼儿便会以此来抑制饥饿。幼儿若缺乏成人或身边同伴的关怀，会产生孤独感或紧张，从而用这种行为来消除不安。幼儿缺锌也会出现咬指甲的毛病。

教师、家长要关注幼儿的心理需求，注意满足幼儿被爱和被关怀的情感要求，鼓励幼儿多与同伴交流，给幼儿安排一些合适的手工活动，把幼儿的注意力引向健康快乐的活动中。在矫正幼儿的吸吮手指和咬指甲等行为时，态度要和蔼亲切，语言动作要轻柔，千万不要大声阿斥、恐吓、打骂。要鼓励幼儿改掉这种不良行为，在小朋友面前树立幼儿的良好形象，千万不要在众人面前呵斥幼儿，以免损伤幼儿的自尊心。同时要定期给幼儿修整指甲和趾甲，不让幼儿有啃咬的机会。

延伸阅读

重视儿童心理健康教育，加强心理疾病早期干预①

“儿童的身心健康，不单单身体要健康，心理也要健康。”国家儿童医学中心主任、首都医科大学附属北京儿童医院院长倪鑫日前表示，对家长普及儿童心理卫生知识，提高家长识别儿童心理卫生状况的能力十分重要。专家提示，全社会要重视儿童心理健康教育，加强儿童心理疾病早期干预。

对于已经产生心理问题甚至心理疾病的儿童家庭来说，应注意什么？倪鑫介绍，一个家庭的温暖、和谐对于孩子的心理疾病预防、干预能起到关键作用。一是家长要定期接受专业人士的培训与指导，学习和掌握儿童心理卫生相关知识和干预技能；二是家庭成员要保持家庭氛围的和谐，给孩子营造一个温暖的、安全的家庭氛围；三是家长要接纳孩子的情绪。

专家呼吁，希望全社会都能共同关注儿童心理健康，探索建立家庭心理健康服务体系，倡导开展家庭心理健康宣传，普及知识，推进培训，提高儿童心理健康素养，为儿童提供健康的成长环境。

近年来，我国采取一系列措施，不断完善儿童心理健康教育，加强早期干预。据介绍，下一步，我国将不断加快人才队伍建设，推动儿童心理卫生健康体系建设，包括建立从家庭、学校到医疗机构“一体化”的联动方式，树立每一个家长是孩子健康的第一责任人的概念。

---

① 李恒．专家：重视儿童心理健康教育，加强心理疾病早期干预[EB/OL].(2023-06-01)[2023-08-20].https://finance.sina.com.cn/jjxw/2023-06-01/doc-imyvunye0213870.shtml.(有改动)

第三节　学前儿童心理健康教育活动设计与案例

一、学前儿童心理健康教育活动的实施途径

1. 专门性的心理健康教育活动

《纲要》明确提出："幼儿园必须把保护幼儿的生命和促进幼儿的健康放在工作的首位。树立正确的健康观念，在重视幼儿身体健康的同时，要高度重视幼儿的心理健康。"幼儿园在健康领域中应根据幼儿的年龄特点和发展需要开展专门的心理教育活动。

2. 渗透在游戏中的心理健康教育活动

在幼儿园教育教学过程中，游戏是幼儿园的每日基本活动，其对于幼儿的发展而言，可谓意义显著。教师在游戏过程中可以渗透心理健康教育，从而促进幼儿身心健康发展。游戏的目的是让幼儿在游戏过程中掌握知识，满足幼儿身体活动需求。在游戏过程中，幼儿可以自由地变换动作，或者进行一些有趣的动作，这样不仅能让幼儿保持身心愉悦的状态，还能让幼儿从中获得较为积极、良好的情感体验。为此，教师可以将游戏与心理健康教育进行有效的结合，在游戏过程中有意识地创设一些适合交往的情境，积极鼓励幼儿亲近他人、主动交流。例如，教师在幼儿园教学过程中，开展"快乐运动喜羊羊"的活动。在游戏活动前，先进行情境导入："今天天气很晴朗，'妈妈'带你们出去郊游。"在音乐声中，"妈妈"带着"喜羊羊"们沿着圆圈来进行"矮人走，高人跑"的游戏，以此激发幼儿的参与兴趣。

3. 在其他领域中渗透心理健康教育

要想在幼儿园有效开展心理健康教育，教师还可以在健康、社会、语言、科学及艺术这五大领域中进行渗透，将心理健康教育与五大领域课程教学活动有效地结合在一起，从而让幼儿在各个课程学习中养成健康、积极的心理素质。

4. 对个别幼儿开展心理辅导

对于一些以自我为中心、任性、胆小懦弱、不敢尝试新事物的幼儿，教师可以在教学活动中分析幼儿产生这些现象的原因，然后结合幼儿的实际情况单独对其进行心理辅导，让其能够在这一过程中敞开心扉，表达自己的想法与情绪。在个别的心理辅导过程中，教师要让幼儿养成正确的自我意识及乐观向上的生活态度。对于自卑、不敢表达自己想法的幼儿，教师还可以积极引导其认识自己的长处，然后让他们对自己的行为进行有效的控制，从而保持积极且乐观的心态来应对问题与学习。

5. 开展亲子活动，促进幼儿的心理健康

亲子活动和幼儿活动不同，它有自身规律和特点，重点突出在活动中家长与幼儿进行互动和交流。教师在活动过程中不仅要关注幼儿的活动学习，还要在活动中增强家长的育儿技能。亲子活动可以增进家长与幼儿之间的互动与沟通，有利于发展和谐的亲子关系，促进幼儿形成良好的情绪、情感，培养幼儿的自信心和自我成就感。家长通过亲子活动，可以更加了解自己的孩子，通过语言、表情等向幼儿表示认同、表扬也大大地满足了幼儿受尊重的需求，促进其情绪的稳定。

二、学前儿童心理健康教育设计

学前儿童心理健康教育活动设计需要考量至少五个要素：第一是学前儿童在各个年龄阶段的心理发展主要任务目标；第二是学前儿童心理健康教育的目标体系；第三是学前儿童心理健康教育所面临的各种心理发展实际问题；第四是幼儿群体自身的学习兴趣与现实需要；第五是幼儿园的实际教育资源条件。结合这五点主题也能明确学前儿童心理健康教育活动设计的基本目标，那就是遵循幼儿心理健康成长机制，有效优化幼儿心理健康教育活动课主题，并在教学内容与过程设计方面推陈出新。

在学前儿童心理健康教育活动课上，所要设计的主要内容应该强调内容与主题相互吻合，同时突出主题，特别强调内容与目标设计高度关联。教师可设计幼儿喜闻乐见的游戏教学内容，联系幼儿生活实际和认知水平，确保所设计教学内容难度适中、容量适度，真正将游戏、故事、幼儿实践活动联系起来。

案例 1

大班心理健康教育活动——爱哭的宝宝也勇敢

【设计意图】

大班幼儿因为被赋予"大孩子"的称号，他们往往片面地认为"哭"是胆小怯懦的表现，有些大班的男孩子还会觉得"只有女孩子才哭"。这导致他们对情绪认知刻板，在自己难过的时候无法调控情绪或压抑自己的情绪，不利于其身心的发展。本次活动旨在让幼儿懂得："哭"是人类最基本的表达方式。我们会因为各种原因而哭泣，因为伤心而哭，因为疼痛而哭，因为害怕而哭，因为思念而哭，因为高兴而哭……"哭"是一种正常的情绪。适度的哭有利于身心健康，但长时间的哭泣会损害健康。本活动可帮助幼儿正视"哭"这种情绪，学习调节自己的情绪，保持积极乐观的心态。

【活动目标】

1. 知道哭是正常的情绪表现，每个人都会因为各种原因而哭泣。

2. 初步了解适度的哭泣有利于健康，经常或长时间的哭泣会有损健康。

3. 学习在情绪激动的时候选择适当的方式调节情绪，经常保持乐观的情绪。

【活动准备】

1. 物质准备：绘本《哭了》、PPT 课件、四张挂图。

2. 经验准备：幼儿有过"哭"的经验，对于"哭"有自己的感受和理解。

【活动过程】

（一）图片导入，激发幼儿的学习兴趣

师：小朋友们，你们看看图片上的小朋友心情怎么样？猜一猜他可能遇到了什么事情呢？

（幼：他看起来很难过，他在流眼泪，他在哭……可能是因为……）

师：那我想问问小朋友们，你们哭过吗，当时为什么会哭呢？

（幼：因为被妈妈批评了，因为害怕一个人睡觉，因为想念爸爸妈妈……）

师：你还见过其他人哭泣吗？他们当时为什么会哭呢？

（幼：我见过小宝宝因为饿哭了，我的好朋友因为挨骂哭了……）

（二）师幼共读绘本，引发幼儿的思考

师：刚才小朋友们都分享了很多关于“哭”的经历。今天老师带来了一本好看的绘本，名字就叫《哭了》。我们一起来看一看，书里面有谁哭了，他们为什么会哭。

幼儿思考并讨论问题。

师：看完了绘本，请小朋友们说一说书里都有谁哭了呢？（小男孩、妈妈、婴儿、小孩）

师：他们为什么要哭呢？都是因为哪些原因哭的呢？（分别时伤心、重逢时高兴、因战争失去了家……）

师小结：原来大人和小孩都会哭。每个人都会因为各种原因而哭泣。不仅在难过生气的时候会哭，在高兴激动的时候也会哭。

（三）联系实际主动思考探索，建构经验

师幼讨论哭泣时的感受。

师：小朋友们，你们有和故事里的人一样的经历吗？你们哭的时候身体和心理有什么感觉和变化呢？分享一下吧！

（幼：哭的时候眼泪、鼻涕一起流下来，鼻子、眼睛都酸酸的。我要是哭了第二天眼睛就会肿，哭完眼睛像灯笼一样红，嗓子变哑了。我觉得哭完没有那么难受了，心情变好了……）

师小结：说得很好！其实哭是一种正常的情绪。在我们情绪激动的时候，适度的哭泣可以帮助我们释放压力，让我们的情绪平稳下来，但一直不停地哭泣就会影响我们的身体健康，激动的情绪也没办法缓解。

（四）结合实例，提升已有经验

师：我们知道了这么多关于“哭”的知识，现在有三位小朋友需要你们的帮助。他们都遇到了困难，一直哭个不停。仔细看看他们为什么会哭，你们有什么好方法帮助他们呢？

师：出示四幅图片，幼儿思考解决问题的方法。

第一幅图：明明跑步的时候把腿摔破了，他觉得很疼，一直在哭。

第二幅图：没有小朋友和豆豆一起玩，他觉得很孤单，一直在哭。

第三幅图：妞妞不会做数学题，她感到很着急，一直在哭。

第四幅图：小班的梅梅很想念妈妈，不肯睡觉，一直在哭。

幼儿分为四组，每组任选一幅图，讨论解决问题的办法。

每组派一名幼儿来分享解决办法。

师总结：谢谢你们帮助四位小伙伴解决困难。其实我们小朋友身上也会发生图片上的情况。我们每个人都会因为各种原因而哭泣。哭是一种很正常的情绪。适度的哭能帮助我们放松，但长时间的哭会伤害我们的身体，而且也不能解决问题。所以我们在遇到困难或情绪激动时，要积极动脑筋，想办法解决问题，可以找老师、朋友、爸爸妈妈倾诉。大家都会陪伴在我们的身边！

【活动延伸】

1. 回去做一个小小的调查，寻找身边的人“哭”的经历，记录下他们的身份是什么，为什么哭，然后和班里的小朋友分享。

2. 结合今天学习的内容，想一想，如果你看到好朋友或家人哭了，你会怎么办呢？

3. 在美工区画一画《哭了》《哭泣的人》《哭哭脸和笑笑脸》等关于情绪的图。

4. 制作一个名为《我哭了》的绘本。

【模拟授课演示】

大班健康教育活动——爱哭的宝宝也勇敢

案例 2

小班心理健康教育活动——看得见的情绪

【活动目标】

1. 认识高兴、害怕、生气、难过等可以看得见的情绪，并愿意大胆表达自己的情绪。

2. 能分辨出别人的情绪变化，初步知道调节情绪的方法。

3. 愿意经常保持愉快的情绪，有不高兴情绪时愿意寻求安慰。

【活动准备】

1. 经验准备：已有的幼儿情绪图片。

2. 物质准备：各种不同情绪的图片、镜子。

【活动重难点】

1. 重点：看得见别人表现出来的情绪并做出反应。

2. 难点：能分辨出别人细微的情绪。

【活动过程】

（一）手指游戏导入，激发幼儿兴趣

教师带领幼儿做手指游戏“五官歌”。

眼睛眼睛亮晶晶，

样样东西看得清。

鼻子鼻子本领大，

分辨气味都靠它。

嘴巴嘴巴笑哈哈，

会唱歌来会说话。

耳朵耳朵仔细听，

小鸟唱歌多动听。

眉毛眉毛别忘记，

漂亮宝宝看这里。

师：请说一说你们在做游戏时的心情是怎么样的。（高兴，开心，快乐……）

师总结：其实，老师也发现你们刚才在玩游戏时很高兴，很兴奋。你们猜我是怎么知道的？对的，原来从一个人脸上的表情是可以猜测出这个人的心情怎样的。

（二）欣赏表情，感知基本情绪

师：老师给小朋友们准备了各种情绪的照片。我们一起看看他们的心情是什么样的。

师：出示高兴的情绪图片。

师：小猴的心情怎么样？从哪儿看出来的？

师：出示生气的情绪图片。

师：小熊的心情是怎样的呢？从哪儿看出来的？

师：出示难过的情绪图片。

师：蛋宝宝有什么样的心情？从哪儿看出来的？

师：出示害怕的情绪图片。

师：小猪怎么了呀？从哪儿看出来的？

师：小朋友拿出镜子照一照，看看自己开心、难过、生气、害怕的样子。再看看其他小朋友的，说一说有什么区别。

（三）看到别人的情绪变化并做出反应

1. 说一说同伴表现出哪些情绪，怎么看出来的，有这样的情绪该怎么做。

师：昨天在户外活动中，老师抓拍了小朋友们活动时的情景。让我们一起来看看他们的情绪吧。

① 丽丽和雯雯在一起玩秋千时的情景。

师：她们的情绪是怎么样的呀？（高兴的，开心的）

师：从哪儿看出来的呢？（表情，笑得很开心）

② 俊俊和他的小伙伴抢皮球的情景。

师：俊俊的情绪是怎样的？（很生气）

师：你是怎么看出来的呢？（他的皮球被抢走了。他生气地踢了一下旁边的小车。我猜他是生气了）

师：那我们该怎么帮他呢？（和他一起玩，把我的玩具分享给他）

③ 花花一个人坐在石凳上的情景。

师：小朋友看一下花花有什么样的情绪呀？（难过的）

师：怎么看出来的呢？（她不想跟别人玩，也不想说话）

师：那我们该怎么安慰她呢？（抱抱花花，拉拉她的手，和她一起玩游戏）

④ 小朋友走独木桥的情景。

师：小朋友的情绪是什么样子的？（害怕）

师：怎么看出来的呢？（他在上面走的时候身体在晃动，脸上没有表情，很严肃）

师：那我们该怎么做呢？（在旁边给他加油）

2. 说一说身边其他人的情绪，巩固认识。

师：在你们身边还观察到其他人的情绪是什么样子的？怎么看出来的呢？他们的情绪有什么变化？

幼儿小组说一说，请个别小朋友分享。

幼 1：昨天我在家里没有好好吃饭，所以妈妈不愿意陪我玩拼图。她眉毛皱得紧紧的。我猜妈妈是生气了。

师：之后，你是怎么做的呢？妈妈的表情有什么变化呢？

幼 1：我给妈妈捶捶背。妈妈笑了。我猜我把妈妈哄高兴了。

师：原来情绪不是一直不变的。当我们发现别人有不好的情绪时，我们通过动作就可能改变他们的情绪。

幼 2：昨天妈妈穿了一条好看的裙子。我夸妈妈真好看。妈妈笑了。我猜妈妈很开心。

幼 3：今天没有小伙伴陪明明一起玩玩具。我猜他很难过，就和他一起玩了。

师：之后他的情绪有什么变化呢？（变开心了）

师：今天活动的时候，有小朋友没有认真听老师讲话，老师表现出的情绪是什么样子的呀？

师：其实老师表现出的只是微微的生气的情绪，所以小朋友很难看出来。这需要小朋友仔细观察。在日常生活中，我们要适当控制自己的不良情绪。我们可以把我们的情绪告诉亲近的人寻求安慰。

师总结：原来情绪有这么多种。我们不光可以看到自己的情绪，还能通过别人的动作或表情看出他的情绪并给出回应。

（四）绘画活动“看得见的情绪”，巩固练习

1. 画出自己或者别人的情绪画像，由教师指导。

2. 展示作品，说一说自己的想法。

【活动延伸】

师：老师在阅读区给小朋友们准备了关于情绪的绘本。我们一起去看看吧。

思考与练习

一、单选题

1. 儿童自我意识的发展主要表现为（　　）的发展。

A. 自我监督　　B. 自我认知　　C. 自我协调　　D. 自我评价

2. 幼儿情绪、情感表现为（　　）的特点。

A. 安静　　B. 快乐　　C. 易冲动　　D. 稳定

3. 幼儿最初社会性发生的标志是（　　）。

A. 诱发性微笑的出现　　B. 不出声的笑

C. 出声的笑　　D. 有差别的微笑的出现

4. 培养机智、敏锐的品格和自信心，防止疑虑、孤僻，这些教育措施主要是针对（　　）的幼儿。

A. 抑郁质　　B. 多血质　　C. 黏液质　　D. 胆汁质

5. “经常保持愉快的情绪。知道引起自己某种情绪的原因，并努力缓解”是（　　）幼儿的具体目标。

A. 3~4 岁　　B. 4~5 岁　　C. 5~6 岁

6. “愿意把自己的情绪告诉亲近的人，一起分享快乐或求得安慰”是（　　）幼儿的具体目标。

A. 3~4 岁　　B. 4~5 岁　　C. 5~6 岁

7. “能随着活动的需要转换情绪和注意”是（　　）幼儿的具体目标。

A. 3~4 岁　　B. 4~5 岁　　C. 5~6 岁

二、判断题

1. 对幼儿来说，自我评价是接受自己、悦纳自己的前提，也是建立自信的基础。（　　）

2. 要取得学前儿童心理健康教育的良好效果，只需要幼儿园教师的努力，不需要家庭、幼儿园、社区三者紧密合作和共同努力。（　　）

3. 父母的教养方式、家庭成员之间的关系，对学前儿童的心理健康影响很小。（　　）

4. 幼儿期是人独立性发展的一个关键阶段。幼儿出现了最初的自我概念，其自主性明显增强，开始出现“我能”“我可以”“我自己来”等自我独立的意向，喜欢去自我尝试。（　　）

5. 挫折是一种主观感受，且每个人对挫折的适应能力也不尽相同，它受到个体生理条件、已有经验及对挫折的直觉判断等因素的影响。（　　）

三、简答题

1. 简述影响学前儿童心理健康的主要因素。

2. 简要说明学前儿童心理健康教育活动的实施途径。

四、活动设计题

现在的幼儿在家中都是“小皇帝”或“小公主”，非常受宠爱，在幼儿园这个小社会中则要学习与性格各异的小朋友一同相处。小班幼儿的情绪易受周围环境的影响，他们经常会因为一点小事、一点小摩擦而情绪低落，或号啕大哭或隐隐落泪。请设计一个有关“笑一笑”的心理健康教育活动，帮助幼儿感受笑的魔力——不仅能让自己开心，还能影响别人，给别人带来快乐，愿意当一个快乐的宝宝。要求写出活动名称、活动目标、活动准备、活动过程、活动延伸。

第九章

学前儿童健康教育评价

【学习目标】

1. 知道学前儿童健康教育评价的含义和重要性，了解学前儿童健康教育评价的原则和内容。
2. 学会根据不同的评价方法开展评价，能够初步对学前儿童健康教育活动进行简单评价。
3. 在学习学前儿童健康教育活动评价过程中体会合作的乐趣。

第一节　学前儿童健康教育评价概述

一、概念

课程评价是根据一定的标准和课程系统的信息，运用科学的方法对课程产生的效果进行价值判断。

学前儿童健康教育评价是对学前儿童健康教育实施的过程以及效果的全面评价。健康教育的出发点和落脚点是促进儿童的健康发展。

在开展学前儿童健康教育评价的过程中，评价对象不应仅仅指学前儿童。学前儿童健康教育课程的评价主体应该包括专家、园长、教师、家长、社区人员、幼儿以及其他相关人员。学前儿童健康教育评价的对象首先是学前儿童，其次是教师，再次是学前教育管理人员，最后是社区相关人员。

二、学前儿童健康教育评价的目的

2022 年 2 月教育部印发的《幼儿园保育教育质量评估指南》提出，“完善以促进幼儿身心健康发展为导向的学前教育质量评估体系，切实扭转不科学的评估导向，强化评估结果运用，推动树立科学保育教育理念，全面提高幼儿园保育教育水平”。

科学合理的学前儿童健康教育课程评价不应只是对单一或几类儿童特质的评价，而应对儿童进行全方位评价；不应只是对某一课程阶段的评价，而应对整个课程的全过程进行评价。虽然课程评价是课程评价主体的价值判断行为，但它也要建立在全貌的信息收集基础之上，要依据信息去伪存真，客观反映事实。

小贴士

对幼儿发展状况进行评价要注意以下几点：

（1）明确评价的目的是了解幼儿的发展需要，以便提供更加适宜的帮助和指导。

（2）全面了解幼儿的发展状况，防止片面性，尤其要避免只重知识和技能而忽略情感、社会性和实际能力的倾向。

（3）在日常活动与教育教学过程中采用自然的方法进行评价。平时观察到的具有典型意义的幼儿行为表现和所积累的各种作品等是评价的重要依据。

（4）承认和关注幼儿的个体差异，避免用划一的标准评价不同的幼儿，在幼儿面前慎用横向的比较。

（5）以发展的眼光看幼儿，既要了解其现有水平，又要关注其发展的速度、特点和倾向等。

三、学前儿童健康教育评价的作用

学前儿童健康教育评价是推进幼儿园课程改革和提升幼儿园教育质量的重要手段。学前儿童健康教育评价是对教育目标和内容的总结和反思，具有客观性和科学性。评价健康教育活动有助于了解幼儿通过活动掌握健康知识、形成健康行为的情况，及时监控幼儿健康成长情况；有助于教师及时掌握幼儿健康发展的能力，帮助其形成良好的健康行为和习惯；有助于幼儿园及时调整活动计划和调换活动设施，促进幼儿健康成长；有助于家长对幼儿的健康成长有清晰认知，从而与幼儿园形成良好的家园共育关系，共同促进幼儿的健康成长。

四、学前儿童健康教育评价的原则

在对学前儿童健康教育进行评价时，我们应遵循以下原则，做出正确的、科学的判断：

1. 时效性原则

学前儿童健康教育评价需考虑对幼儿生长发育、身心健康、突发疾病等情况和结果进行及时评价，从而观察幼儿的发展情况，分析教育效果。

2. 客观性原则

客观性原则是指在评价过程中应根据评价标准公平、准确、客观地开展活动评价，不能随意更改或者任意评价。

3. 过程性原则

学前儿童的健康发展可以从认知、态度、行为习惯等方面进行评价。在评价中，评价者应关注幼儿的过程性发展，及时做好记录和评价工作，以便观察幼儿的发展变化。

4. 可行性原则

进行学前儿童健康教育评价时最好选择可观察、可测量的活动作为评价内容，须正确使用评价标准。

五、学前儿童健康教育评价的类型

1. 根据评价的功能划分

根据评价的功能划分，学前儿童健康教育评价可划分为诊断性评价、形成性评价、结果性评价等。在活动开始前，对整个活动结合幼儿年龄特点和已有经验进行初步评价，这种评价被称为诊断性评价；在活动开展过程中，通过真实观察和记录幼儿表现，及时做出的评价为形成性评价；在活动结束后，通过分析、总结，结合之前幼儿发展的情况开展的评价为结果性评价。

2. 根据评价的主体划分

根据评价的主体划分，学前儿童健康教育评价可分为幼儿主体评价、教师主体评价和家长主体评价。

（1）幼儿主体评价。

幼儿在进行活动回顾时，可以通过具体的情境找到线索，自由讲述；也可以通过角色扮演的方式参与游戏，想象自己是活动中的某个角色进而开展评价。

（2）教师主体评价。

在开展教师主体评价时，教师可以按“议题呈现—情境经历—自主探究—议题讨论—展示分享—评估交流”的步骤进行，对游戏设计、实施、管理等环节进行必要的审视讨论，对游戏过程提出有效的改进意见，使游戏开展更具有实效性；还可以通过分析幼儿的作品、照片、视频等，了解不同幼儿的能力、情绪、表现等，给予合理的分析判断，促进幼儿的技能提升和经验生长。另外，教师要充分利用观察记录表，根据不同的观察方式，采用不同的量表，对幼儿在活动过程中的实际表现、态度、情绪等做好及时的记录。

（3）家长主体评价。

家长主体评价主要是家长根据与教师、幼儿的沟通情况，在家中通过观察、拍照、计数等方式观察幼儿表现，并客观记录下来。

3. 根据评价是否存在评价标准划分

根据评价是否存在评价标准，学前儿童健康教育评价可分为即时评价和非即时评价。即时评价是指在教学过程中，评价者根据一定的评价标准对幼儿在教学活动中的行为进行实时评价。即时评价有两种方法，即言语评价法和非言语评价法。

（1）言语评价法。

言语评价法是即时评价中最常用的一种评价形式，是指在幼儿园集体教学活动中，教师在自身教育观念的指引下，通过对幼儿行为表现的观察和了解，用言语做出具有肯定性、中性或否定性倾向的反馈和判断。

（2）非言语评价法。

非言语评价法分为动作示意法、代币奖励法和书面评价法。

① 动作示意法。动作示意法是指教师通过面部表情、手势和身势的示意，指导幼儿行为，传递教师意向与情感，增进师幼互动。例如在开展“小熊跳障碍”的活动中，教师设置了“小山坡”。兰兰小朋友不敢跳下来，教师就通过语言、手势，站在“山坡”下鼓励她勇敢跳下来，让兰兰顺利尝试本次活动，帮助她增强了参与运动的自信心，并克服了内心恐惧。

② 代币奖励法又称标记奖酬法，是用象征钱币、奖状、奖品等具体实物的奖励来强化良好行为的方法。教师可以利用小贴纸、小卡通图等作为奖励的象征物，强化幼儿的正确行为，促进其形成良好的健康习惯。

③ 书面评价法。文字式书面评价法在小学及以上阶段使用得较多。在幼儿园阶段，由于幼儿识字较少，多数教师采用绘画的形式替代文字式书面评价。

六、学前儿童健康教育评价的方法

1. 观察法

观察法是评价者根据观察计划，有目的、有计划地对观察对象开展评价并获得有效信息的方法。观察法根据观察的地点分为自然观察和计划观察；根据观察是否使用工具分为直接观察和间接观察；根据参与者是否参与其中分为参与式观察和非参与式观察。运用观察法进行健康教育活动评价时，应保证观察的客观性和科学性，可以通过行为检核法和事件记录法等方式进行多次观察。

案例

健康领域课程实施观察记录表

时间		执教教师		活动时间	
班级		幼儿人数		观察者	
活动目标					
活动准备					
活动实录			活动分析		

2. 访谈法

访谈法是评价者通过与幼儿、家长、教师等进行面对面的交流来获取有效信息的一种方法。这种方法古老且实用。在使用访谈法之前，评价者应该将要访谈的问题整理为访谈提纲。在开展访谈活动时，应注意根据访谈对象和情境，灵活询问，及时做好记录。但是在实施过程中，由于访谈对象、访谈情境、访谈时间和访谈地点等因素的影响，访谈法收集到的资料可能存在主观性太强、信息不一致等问题，因此访谈法需要和其他方法结合使用。

案例

学前儿童心理健康教育课程实施访谈提纲

访谈时间：
访谈地点：
访谈对象：
访谈内容：

1. 您对《纲要》中规定的学前儿童心理健康教育课程的内容了解吗？
2. 您觉得幼儿通过心理健康教育课程的开展能够得到怎样的提高？
3. 您认为什么样的方式适合学前儿童心理健康教育课程的开展？
4. 您是如何开展学前儿童心理健康教育活动的？
5. 您认为哪些因素会影响幼儿的心理健康？
6. 您在进行学前儿童心理健康教育时，认为哪些因素会对其产生影响？
7. 您觉得幼儿园是否应该开展心理健康教育？一周应该开展几次？
8. 您觉得幼儿园教师在课程开展中应该处于什么位置？起到什么作用？
9. 在课程开展中，通常会遇到哪些困难？
10. 您觉得您能够较好地完成心理健康教育课程实施吗？（如果不能，原因是什么？）
11. 您所在的幼儿园的领导对心理健康教育课程重视吗？
12. 您认为家长和社会对学前儿童心理健康教育课程开展的态度如何？

3. 问卷法

问卷法是指研究者把需要研究的问题整理成表格或者选择题的形式，分发给被试对象，从而获得资料的一种方法。问卷法的好处是可以在短时间内收集到大量信息，简单易行，方便操作，但是回收问卷时应注意及时检查获取信息的有效性和准确性，编制问卷时应将问题尽量设置详细。问卷法需要考虑被试对象的样本，才能够得出较为可靠的分析数据。

第二节　学前儿童健康教育评价的组织与实施

一、学前儿童健康教育评价的内容

《纲要》提出："教育评价是幼儿园教育工作的重要组成部分，是了解教育的适宜性、有效性，调整和改进工作，促进每一个幼儿发展，提高教育质量的必要手段。"学前儿童健康教育的最终目的是促进幼儿的身心健康发展，因此学前儿童健康教育评价的内容既包括对学前儿童各项能力发展情况的评价，还包括对学前儿童健康教育活动的评价。

二、学前儿童健康教育活动的评价

学前儿童健康教育活动组织形式多样，活动的效果直接影响学前儿童健康发展的质量。教师要设计和组织不同形式的活动，并在活动结束后，不断反思和评价教师教和学前儿童学的过程和结果，从而达到改善和提高的效果。对学前儿童健康教育活动的评价不仅仅是对教师的评价，更应当首要关注学前儿童学得如何，评价的内涵应该聚焦在学前儿童的学习上。

1. 对学前儿童健康教育活动目标的评价

（1）活动目标的表述。

健康教育的目标表述应该清晰、明确，具有可实践性。目标表述的主体应一致，以幼儿为主体表述为宜。健康教育的对象是幼儿，教育者应把评价的重点聚焦于幼儿的发展上，因此以幼儿为主体表述目标能够突出幼儿的主体地位。

（2）活动目标的定位。

确定活动目标的定位时，应考虑活动目标与活动内容、活动场地等因素，更要了解幼儿的发展现状。在活动开展之前要考虑清楚本次活动应具体发展幼儿的哪些能力，确定好定位后从情感态度、认知和能力三个维度进行整体设计。

（3）活动目标的实际达成。

活动目标直接指向具体的健康教育活动。不管是室内集体活动还是户外游戏活动，目标的设计都要面向全体幼儿，兼顾不同发展水平幼儿的个体需要。幼儿学习任何一项活动都是循序渐进的。教育者不必要求目标达成的即时性，应根据幼儿的发展水平，考虑目标实际达成的潜在性。如果活动目标达成，则说明目标设计合理。如活动目标不能达成，教育者就要从目标定位和幼儿特点等方面具体分析并调整目标。

例如以下两个活动的目标：

① 活动一：我会洗手。

- 了解洗手的重要性，知道饭前、便后或手脏时要洗手。
- 掌握洗手的正确方法。
- 教育孩子养成爱清洁、讲卫生的好习惯。

② 活动二：我的小手最干净（七步洗手法）。

- 知道什么时候应该洗手，懂得保持手的清洁与干净。
- 学习儿歌，练习用七步洗手法洗手。
- 有服务他人的意识，有社会责任感。

由以上两个健康领域的活动目标可知，活动一的目标过于宽泛，没有全以幼儿为主体。而活动二的目标以幼儿为主体，围绕三个维度展开，比较具体，并且融入了社会领域内容，切实可行。

2. 对学前儿童健康教育活动准备的评价

（1）物质准备的评价。

健康教育活动的物质准备通常包括准备活动场地、活动材料等。健康教育开展之前教师要对活动场地有一定规划，根据空间大小、具体位置、环境要求等选择合适的场地。同时要考虑场地的安全因素，并进行活动分区，以便活动时空间、环境利用合理。活动材料是辅助开展健康教育活动的物质载体。教师应选择与活动内容相关的，能为目标更好服务的安全性材料。同时材料的选择应具有经济性和创新性。在开展中班投掷活动中，幼儿拿出幼儿园自制的“纸包球”，投进呼啦圈中；用闲置快递纸箱和奶粉罐做玩具车：都体现了活动材料选择经济性原则。教师将生活经验和活动结合，体现了教育的创新性。

（2）经验准备的评价。

经验准备是指幼儿已具备相关知识、经历、体验等。教师了解了幼儿的已有经验后可以更好地设计活动，找到幼儿最新的“最近发展区”，提供更适宜的发展方案。有些经验是幼儿已有的知识经验，有些经验则需要幼儿在学习新的内容之前去感受和体验才能得到。

3. 对学前儿童健康教育活动内容的评价

对活动内容的评价首先要考虑活动内容的设计是否符合活动目标，因为活动目标是衡量活动内容开展得是否合适的重要标志；其次要考虑活动内容的设计是否符合不同年龄阶段幼儿的年龄特点。因此教师应当以《指南》中健康领域的内容作为参考，依据幼儿实际生活经验设计活动。例如中班健康领域活动“蚂蚁搬豆”，如果幼儿没有户外活动的经验，则不适宜参加。教师应选择贴近幼儿经验的活动，同时在活动中应该根据幼儿年龄和季节设计适宜的活动量。活动量过大会导致儿童疲惫，活动量过小则达不到锻炼的效果。在活动前和活动后教师应安排适宜的锻炼和放松活动。

4. 对学前儿童健康教育活动方法的评价

学前儿童健康教育活动的最终落脚点是幼儿将已经学过的知识转化为日常生活的基本技能、习惯和运动方法。教师要根据不同健康教育活动的目标和内容选择不同的教育方法。健康领域的活动强调幼儿的体验和练习。在活动开展之前，教师可根据幼儿的年龄特点和教育内容选择适当的教育方法，增加幼儿自主操作、提出问题、开展练习的机会，同时方法的选择也应考虑活动的趣味性。在活动中运用多种教育方法，能够激发幼儿的兴趣，吸引幼儿的注意。

5. 对学前儿童健康教育活动过程的评价

对学前儿童健康教育活动过程的评价可以从活动是否遵循幼儿学习特点、活动安排是否合理、活动中教师是否提供支持和是否使用特色课程资源四个方面来进行。

（1）学前儿童健康教育活动首先要考虑幼儿的学习特点和年龄特征，需要将游戏性、趣味性、活动性、互动性结合。例如在小班健康教育活动“豆子历险记”中，小朋友要把自己当成小豆子，钻过“山洞”，翻过“高山”，而且不能和其他“小豆子”撞到，才能顺利“回家”，吃到“妈妈”精心准备的晚餐。在整个过程中幼儿都斗志昂扬，唯恐自己落后，个个满头大汗。再如中班健康教育活动“我是小飞人”“夹包跑”“溜溜球”等都满足了幼儿喜爱运动的天性。

（2）教师在开展活动前需要对活动内容、活动过程、活动策略、活动时间等进行统筹设计。

（3）教师在活动中的角色应是支持者、合作者和引导者。以幼儿为本的幼儿教育必须摒弃原有的教师引导的学习方式，提倡开展幼儿任务驱动式学习，激发幼儿主动探索、主动尝试材料、主动操作材料、主动展开讨论的积极性。教师在其中应认真做好幼儿发展的“脚手架”，必要时进行介入指导，深入活动。在活动中，教师应做好行为观察工作，及时记录幼儿活动过程，主动发现幼儿的“最近发展区”，为幼儿的探索发现服务。

（4）教师应结合地方、园所特色课程资源开展活动。课程资源是指能为课程活动所运用并满足课程活动需要的一切素材和条件。健康教育课程资源是开发健康活动的必要条件。教师可以通过自身的发现开发适合幼儿活动的课程资源，同时幼儿本身在活动中生成的活动也是课程资源的重要组成部分。教师可以通过图书、报纸、期刊、电视、网络等选取健康教育的内容，如针对流感盛行的情况，就可以开展一次预防流感的保健活动。自然资源和社会资源都是实施健康教育课程的宝贵资源。如：教师可以带幼儿在田间地头跑一跑，感受大自然的同时锻炼身体；还可以用废旧布做成圆柱形的袋子，让幼儿扮演小松鼠，锻炼幼儿的双脚跳跃能力和平衡能力；等等。

6. 对学前儿童健康教育活动反思的评价

学前儿童健康教育活动反思是活动的最后一个环节，也是帮助教师回顾活动目标、活动组织的过程。教师通过对活动进行反思能够对自己的教学设计、幼儿表现做出更好的评价。可以从活动目标、活动过程、活动方法、活动延伸等几个方面进行反思，通过自评、他评、和家长共同交流等方式了解活动开展情况。

小贴士

教育工作评价宜重点考察以下几个方面：

（1）教育计划和教育活动的目标是否建立在了解本班幼儿现状的基础上。

（2）教育的内容、方式、策略、环境条件是否能调动幼儿学习的积极性。

（3）教育过程是否能为幼儿提供有益的学习经验，并符合其发展需要。

（4）教育内容、要求能否兼顾群体需要和个体差异，使每个幼儿都得到发展，都有成功感。

（5）教师的指导是否有利于幼儿主动、有效地学习。

思考与练习

一、单选题

1. 学前儿童自我评价的特点表现为从（　　）发展到对自己个别性和多面性的评价。

A. 全面性评价　　B. 主观性评价　　C. 依从性评价　　D. 客观性评价

2. 以下不属于学前儿童健康教育评价原则的是（　　）。

A. 时效性原则　　B. 主观性原则　　C. 过程性原则　　D. 可行性原则

3. 在学前儿童健康教育活动开始前，对整个活动结合幼儿年龄特点和已有经验进行初步评价属于（　　）。

A. 诊断性评价　　B. 形成性评价　　C. 结果性评价　　D. 终结性评价

4. 教师利用小贴纸、小卡通图等作为奖励的象征物，强化幼儿的正确行为，促进其形成良好的健康习惯的方法是（　）。

A. 言语评价法　　B. 动作示意法　　C. 代币奖励法　　D. 书面评价法

二、判断题

1. 教育评价是幼儿园教育工作的重要组成部分，是了解教育的适宜性、有效性，调整和改进工作，促进每一个幼儿发展，提高教育质量的必要手段。（　　）

2. 学前儿童健康教育活动的最终落脚点是幼儿将已经学过的知识转化为日常生活的基本技能、习惯和运动方法。（　　）

三、简答题

1. 如何对学前儿童健康教育活动进行评价？

2. 对学前儿童健康教育活动过程的评价主要集中在哪些方面？

参考文献

[1] 麦少美，孙树珍 . 学前儿童健康教育活动指导 [M]. 3 版 . 上海：复旦大学出版社，2015.

[2] 李君 . 学前儿童健康教育 [M]. 北京：科学出版社，2008.

[3] 胡晓伶，徐浩，殷玉霞 . 学前儿童健康教育与活动指导 [M]. 长沙：湖南师范大学出版社，2018.

[4] 刘晓东，卢乐珍，等 . 学前教育学 [M]. 3 版 . 南京：江苏教育出版社，2009.

[5] 顾荣芳，侯金萍 . 学前儿童健康教育 [M]. 北京：人民教育出版社，2020.

[6] 许卓娅 . 学前儿童体育 [M]. 南京：南京师范大学出版社，2003.

[7] 陈艳 . 幼儿对日常健康行为相关概念认知的研究 [D]. 南京：南京师范大学，2007.

[8] 孙桂菊，李群 . 护理营养学 [M]. 南京：东南大学出版社，2013.

[9] 厉曙光 . 营养与食品卫生学 [M]. 上海：复旦大学出版社，2012.

[10] 叶平枝，徐宝良 . 学前儿童健康教育与活动指导 [M]. 长沙：湖南大学出版社，2015.

[11] 顾荣芳 . 学前儿童体育与健康教育 [M]. 苏州：苏州大学出版社，2002.

[12] 顾荣芳 . 学前儿童健康教育 [M]. 北京：高等教育出版社，2017.

[13] 顾荣芳等 . 幼儿饮食行为与健康教育 [M]. 北京：人民教育出版社，2015.